U0924444

伊豆舞女

いずのおどりこ

Kawabata Yasunari かわばたやすなり

[日]川端康成 著 谭晶华 译

CTS 湖南文艺出版社
HUNAN LITERATURE AND ART PUBLISHING HOUSE

目录

伊豆舞女

一

道路曲折，就在觉得快到天城岭的时候，瓢泼大雨把杉树的密林晕染成白茫茫的一片，迅猛地从山脚处向我追来。

我二十岁，戴着高等学校[1]的制帽，穿着藏青底碎白花纹的和服和裙裤，肩挎学生书包，独自一人来伊豆旅行已是第四天了。我在修善寺温泉住了一宿，在汤岛温泉住了两晚，然后穿着高齿木屐爬上天城岭。连绵的群山、茂密的原生林和深深的溪谷之秋让我看得入迷。可是，我心中怀有一个期待，不禁怦怦直跳，急急地赶路。没多久，大大的雨滴落在了我的头上。我沿着曲折的陡坡奔跑起来。好不容易跑到隧道北口的茶店，总算松了口气时，却在门口处一下子惊呆了。我的期待完美地落地了。一行巡回艺人们真的在这儿休息呢。

看到我呆呆站立，舞女立刻取出自己的布座垫，翻了个个儿，放在一旁。

---

1 原意为高中，1894 年（明治二十七年）经改组，设立了第一高等学校（一高）等五校，实际为帝国大学的预备校阶段。

我只说了“哦……”就在座垫上坐下身来。在陡坡上奔跑的喘息和惊异，使“谢谢”一词卡在喉咙处出不来。

因为与舞女在很近处迎面而坐，我慌慌张张地从衣袖里掏出烟。舞女将同行女人的烟灰缸推到我的跟前。我依然默不作声。

舞女看上去有十七岁，梳着我叫不出名字的古雅而又奇特的大发髻。她凛凛的蛋形脸因此显得很小，却颇为美丽和谐，那样子令人觉得她像是稗史里头发丰盈得夸张的姑娘画像。舞女一行中有一位四十来岁的女人、两位年轻的姑娘，还有一位身穿印有“长冈温泉”旅店商号短外褂的二十五六岁的男子。

在此之前，我曾经两度见到过舞女们。第一次是在来汤岛的途中，于汤川桥附近与前往修善寺的她们相遇。当时她们有三人，舞女拎着大鼓。我一再回首看着她们，感到全身充盈着一股旅愁。然后，在汤岛居住的第二天夜晚，她们巡回演出到我住的旅馆来了。我坐在木梯子的中央，全神贯注地看着舞女在玄关处的地板上跳舞。——我在揣摩：那天在修善寺，今夜在汤岛，明天她们会翻越天城岭向南去汤野温泉吧。到天城岭去约有二十八公里山路，我准能追上她们。带着这样的空想急急赶路，居然在躲雨的茶店与舞女们会合了，让我有点张皇失措。

一会儿，茶店的老太将我带入另一个房间，那好像是平日里不用的，连纸槅门都没有。朝山下望去，美丽的山谷是一眼见不到底的幽深。我全身起了鸡皮疙瘩，牙齿咯咯作响，浑身颤抖。我对进来沏茶的老太说太冷了，老太说：

"哎呀，少爷，您全都淋湿了，请在这儿烤一阵火，来，把湿衣服烘烘干吧。"

她牵着我的手，带我去了她家的起居室。

那间屋里生有火炉，拉开纸槅门，强烈的热气便迎面扑来。我站在门槛边有点犹豫。一个像是溺死之人一样全身浮肿发青的老爷子正盘腿坐在炉边，他那双眼珠发黄的眸子忧郁地凝视着我。身边堆着旧信纸和纸袋子的小山，可以说，他已被埋葬在了那堆纸屑之中。我注视着这个怎么也无法认定是活物的山上的怪物，呆呆地站立着。

"让您见到如此难为情的样子……不过，他是我家的老爷子，您不必担心。尽管难看，但是他不会动，请您忍耐一下。"

老太打了招呼后，告知说，老爷子长年中风，全身不遂。那信纸的小山是各地寄来的中风养生法，纸袋子是各处寄来的治疗中风的药材。老爷子向路过山岭的旅行者打听，看报纸上的广告，一个不漏地听取来自全国的治疗中风的方法，求购药物。而且，他将那些来信和纸袋一个不扔地放在身边，成天看着它们生活。长年累月，那些旧垃圾就堆成了小山。

我不知如何回应老太，只好俯首看着火炉。翻越山顶的汽车摇撼着房子。我在想，这儿连秋天都这么寒冷，用不了多久，山上就会积雪，那老爷子为什么不肯下山去呢？我的和服上冒起了蒸汽，火势很旺，烤得我脑袋生疼。老太跑到店里和巡回女艺人们说话了。

“就是嘛，上次带来的孩子已长得这么大，出落成一个好姑娘了。你也很不错，变得这么漂亮啦。女孩子长得真快呀！”

不到一小时，传来了巡回演出艺人们准备出发的动静。我有点儿沉不住气了，心里怦怦直跳，却没有起身的勇气。我心想，虽说她们习惯了赶路，但毕竟是女人的脚劲，即使我落后一二公里，紧走一阵也能追上。我在火炉边干着急。然而，一旦舞女们不在身旁，我的想象便获得了解放，生动地活跃起来。我向送她们回来的老太问道：

“那些艺人今晚会住在哪儿呀？”

“那种人嘛，谁知道她们会住在哪儿，少爷。只要有客人，哪儿她们都会住下的。怎么会有确定的住宿点呢！”

老太的话语中充满了轻蔑。她的话煽动我寻思：要是如此，那今夜就让舞女住在我的房间里吧。

雨势小了，山顶变得明亮起来。尽管老太不停地挽留我说，再等上十分钟，雨就会彻底停止，可是我再也坐不下去了。

“大爷，请多保重。天会变冷的。”我站起身来由衷地说。老爷子沉重地转动黄色的眼珠，微微点头。

“少爷、少爷！”老太嚷嚷着追来，“给这么多，真不好意思，谢谢了。”

她抱着书包不想递还给我。尽管我一再谢绝，但她还是说就送到那边，摇摇晃晃地迈着小步走了一百来米，不停地重复着相同的话。

“真叫人不胜惶恐，怠慢您了。我记住了您的长相，下次再来时会做感谢。下次一定要来哟，我不会忘记的。”

我只是留下了一枚五毛钱的银币，令我惊讶的是她几乎要落下泪来，但我心里急着要去追赶舞女，老太那颤颤巍巍的脚步反而是个拖累。我们终于来到了隧道入口处。

“谢谢了。大爷一个人在家，您快回去吧。”我说完，老太终于将书包放手了。

进入昏暗的隧道，冰冷的水珠滴滴答答地落下。前方通往南伊豆的出口微微明亮起来。

二

山路从隧道的出口起，一侧便设有白色的栅栏，犹如闪电一般迤逦向下。在这模型似的山麓中，我远远看到了艺人们的身影。没走七百米，我就追上了他们，可我不能一下子放慢脚步，便若无其事地超越了女人们。独自一人走在二十米前头的男子看到我，停下了脚步。

“步子好快呀……碰巧天气晴朗了。”

我松了口气，开始与男子并肩行走。男子向我提了各种问题。看到我们俩在谈话，后面的女人们啪嗒啪嗒地跑上前来。

男子背着一个大大的柳条包，四十来岁的女人抱着一条小狗，年龄大的姑娘拿着一个大包袱，中间的姑娘背着柳条包，他们各自都带着很大的行李。舞女背着大鼓和鼓架。中年妇女断断续续地与我搭话。

“是高等学校的学生啊。”年龄大的姑娘小声说。我一回头，她便笑着说：“对吧，这点我还是知道的。有学生会来我们岛上。”

他们一行人是大岛波浮港的，春天出岛后一直在旅行，现在天冷了，由于没做冬季的准备，到下田待上十天左右，便要从伊东温泉返回大岛。一听到大岛，我更是顿感诗意，再次望向舞女美丽的头发，还问了各种有关大岛的问题。

“有很多学生会来游泳的。”舞女对同伴的姑娘说。

“那是夏天吧？”我回头问了一句。

“冬天也有……”她轻声回答。

“冬天也有吗？”

舞女望着同伴的姑娘笑了。

“冬天也能游泳吗？”我再次问道。舞女红了脸，一本正经地轻轻点了点头。

“傻瓜，这孩子。”中年妇女笑道。

到汤野要沿着河津川的溪谷向下走十二多公里的路。翻过天城岭后，山岭和天空的颜色令人觉得更富有南国的风光了。我和男子不停地交谈，完全亲热起来。经过荻乘、梨本等小村庄后，山脚下便出现了汤野的茅草屋顶。这时，我果断地说要陪他们一起旅行到下田。他显得十分高兴。

来到汤野的自炊小客栈前，中年妇女做出“那么，再见吧”的表情时，他帮我说道：

“这一位说想和我们结伴旅行。”

“那敢情好啊！出门靠旅伴，处世靠人情哪。像我们这样无足轻重的人，也可以解解闷儿。来，进屋休息吧。”她很随意地回答。姑娘们盯着我看了一阵，默默地摆出一副不当回事的表情，又稍有腼腆地望着我。

我和大家一起上到二楼，放下行李。榻榻米和隔扇门都显得陈旧、肮脏。舞女从楼下端来茶水，跪坐到我的跟前，满面通红，端茶的手有点颤抖，茶碗差点儿从茶托上掉下来。她慌忙将它放在榻榻米上，但泼出了一点茶水。看着她那副羞涩的表情，我大吃一惊。

“嗐！真讨厌，这孩子知道害臊了，哎呀呀……”中年妇女十分惊讶，皱起眉头，把手巾扔了过来。舞女捡起手巾，尴尬地擦着榻榻米。

这出乎意料的话忽然使我反省起来，我感到在天城岭上被老太煽动起来的空想一下子破灭了。

“学生身上的藏青底碎白花纹布真是好看。”突然，那中年妇女仔细打量着我说，“这花纹和民次穿的一样，哎，你们说呢？花纹完全相同啊！”她多次向身旁的姑娘征询确认后，对我说道：

“我把上学读书的孩子留在家乡，现在想起那孩子，他穿的碎白花纹和您身上的一模一样。近来，这种布料也贵了，真叫人难办。”

“上哪儿的学校啊？”

“普通小学五年级。”

“哎，才上普小五年级……”

“在甲府的学校上学。我们在大岛居住多年，老家在甲斐的甲府。”

休息了一个小时后，男子把我带到别处的温泉旅馆。在这之前，我一直认为我会和那些巡回艺人们住在同一家小客栈。我们俩从街道往下沿着石子路和石阶走了一百来米，走过小河畔公共浴场旁的小桥，桥对面就是温泉旅馆的庭院。

我浸泡在旅馆的室内浴池里，那男子也从后面跟进来。他对我说他已经二十四岁了，老婆两次怀孕，因为流产和早产，孩子都没有存活。他身穿长冈温泉商号的短外褂，我还以为他就是长冈人。从他的长相和谈吐来看，他是有点知识的，估计他是出于好奇，或者是迷上了艺人姑娘们，才帮她们拿着行李，一路跟来的。

洗完澡后，我马上吃了午饭。早上八点从汤岛出发，这时还不到三点。

男子回去之前，在庭院里抬头朝我打招呼。

“这个给你去买点柿子吃。我就在二楼告辞了。”我把一个包了钱的纸包扔给他。男子谢绝了，正要离去，可纸包落在了庭院里，便又转身捡起来说：“这可不行。”他把纸包扔了上来，纸包落在稻草屋顶上。我再一次扔下去，男子拿上后回去了。

傍晚下起了很大的雨。群山被染成白茫茫的一片，失去了远近的感觉。眼前的小河眼看着发黄混浊，发出很大的响声。我在思忖：下这么大的雨，舞女们不会到这儿来演出了吧。不过，我不能久久坐着，又第二次、第三次去浴池洗澡。房间里变得昏暗了。与隔壁房间相邻的纸槅门上开了个方形孔洞，从屋梁上吊下一只灯泡。两间房兼用一盏灯。

咚咚咚，在暴雨声中，远处传来了微微的大鼓敲击声。我像是要扒烂防雨套窗似的打开它，探出身子。大鼓的声音好像近了，狂风暴雨击打着我的脑袋。我闭上眼睛，侧耳倾听，试图分辨大鼓声是从何处传来的。不久又听到了三弦的声音，也听到了女人长长的尖叫声，还有热闹的欢笑声。我终于知道，艺人们被请到了小客栈对面的饭店去演堂会，可以分辨出两三个女人和三四个男人的声音。我一直等待着，心想，那边演完后就会巡回到这边来的吧。然而，那头的酒宴已不是热闹，似乎变成了胡闹。女人尖锐的叫声不时像闪电一般划破暗夜传来。我始终开着窗户，久久地坐着。每当听到鼓声响起时，我的心情就会一下子变得开朗起来。

"啊，舞女还坐在宴席上呢。正坐在那儿打鼓呢。"

鼓声一旦停止，我就难以忍受。我深深地沉入了雨声的底部。

不久，传来了一阵零乱的脚步声，不知道她们在玩捉迷藏呢，还是在转圈跳舞。等到完全回归静谧后，我的眼睛发亮了，企图透过黑暗了解这个寂静意味着什么。我很苦恼，担心舞女今夜会遭到玷污。

关上防雨套窗，躺下后胸闷难受。我再次下到浴池，胡乱地搅动洗澡水。暴雨停歇，明月露脸，被大雨冲刷过的秋夜显得分外清澈明亮。我想，即便光着脚丫子悄悄溜出浴池，也什么事都干不成。已是两点多了。

三

翌日，过了九点，男子已经来到了我的旅馆。我刚起身，劝他一起去洗澡。这天的南伊豆晴空万里，是个美丽的小阳春般的好天气。小河的水位上涨，横卧在澡堂下方，沐浴着温暖的阳光。我觉得自己昨夜的烦恼宛若梦境，对男子说道：

“昨夜热闹到很晚吧。”

“哟，您也听到啦。”

“当然。”

“这就是此地的人啊。他们喜欢胡闹，真是无聊。”

他一副全然若无其事的样子，我也就默不作声了。

“她们到对面的那个澡堂子来了……瞧，她们好像看到我们了，正在笑呢。”

顺着他手指的方向，我朝对面的公共浴场看去。一片雾气中朦朦胧胧地现出七八个人的裸体。

从昏暗的澡堂深处突然跑出一个裸体的女人，站在更衣处向外突出的尖端，像是要跳下河岸似的。她伸直了手臂在嚷嚷着什么。她一丝不挂，连块手巾也没有。她就是舞女。望着她像小桐树那样双腿修长、一身洁白的裸体，我感到心中有一泓清水，深深地长出一口气，嘴角漾出了微笑。她还只是个孩子，一看到我们就光着身子跑到阳光里来，便踮起脚尖，伸直身子。我异常兴奋，久久地微笑着，整个脑海仿佛用清水冲洗过一般清澄，怎么也止不住笑意。

舞女的头发浓密，看上去有十七八岁，加上穿了盛装，像个妙龄淑女，这让我做了完全错误的认定。

我和男子一起回到了我的房间。不久，那个年长的姑娘来到温泉的庭院观看菊花圃，舞女也走到小桥当中。中年妇女走出公共浴池朝两人看了一眼。舞女耸了耸肩，笑着说："要挨骂的，回去了。"说完急忙掉转身往回走。中年妇女来到桥边向我打招呼：

"请过来玩！"

"请过来玩！"

年长的姑娘重复道。女人们回去了。男子最终在这儿坐到了傍晚。

夜里，我和批发纸张的行商在下围棋，旅馆的庭院里突然传来了鼓声。我正想站起身时，听到有人说："巡回艺人来啦！”

“嗯，那种人，无聊！哎，哎！该你走了，我的子下在这儿！”

纸商点着棋盘，热衷于胜负。就在我心神不定之际，艺人们好像要走了。男子在庭院里说：“晚上好！”

我到走廊上向他们招手。艺人们小声商议了一下又转回正门玄关处。三位姑娘在男子的身后挨个儿鞠躬致意，她们把手撑在走廊的地上，像艺妓那样跪着行礼。棋盘上一下子显出了我的败局。

“这一盘不行了，我认输。”

“哪儿的话。我的局面才不行哪。不管咋说，彼此彼此吧。”

纸商对艺人们不屑一顾，他一一数着棋盘上的棋子，更加小心地落子。姑娘们在屋子的角落里放好大鼓和三弦，在象棋盘上玩起五子棋来。本来我的赢面大的棋却输掉了。

“怎么样？再来一盘，再杀一盘吧。”纸商执着地缠磨着，可我只是淡淡地一笑，纸商只得死心地起身。

姑娘们来到围棋盘跟前。

“这之后晚上还到什么地方去演出啊？”

“到时还要转转的。”男子看着姑娘们说，“怎么样？今晚就不转了，让大家玩玩吧。”

“太好了，太高兴了！”

“不会挨骂吗？”

“没事，随便出去转悠，反正也没有客人。”

接着她们在这儿下五子棋，玩到十二点以后。

舞女们回去后，我头脑异常清醒，毫无睡意，便跑到走廊上嚷嚷：

“卖纸的，卖纸的！”

“来了……”年近六旬的老爷子从屋里跑出来，精神振奋地说，“今晚战个通宵，下到天亮！”

我也变得十分好战了。

四

我们相约在明天八点从汤野出发。我戴上了在公共澡堂旁边买的鸭舌帽，把高等学校的制帽塞进了书包里，沿着街道朝小客栈走去。二楼的纸槅门敞开着，我毫不介意地走上去，只见艺人们还都躺在铺上。我不知所措，呆呆地伫立在走道上。

在我脚边的床铺上，舞女满脸通红，用两只手掌一下子遮住脸。她和年纪中等的姑娘睡一个被窝，脸上还残留着昨夜的浓妆，嘴唇和眼角渗出一点儿胭脂色。这一撩人的睡姿触动了我的心弦。她睡眼惺忪地翻转身体，爬出被窝，用手掌遮挡着脸，坐在走道上。

“昨晚真是太感谢您了。”她仪态周正地行了个礼。

我呆呆地站着，茫然不知所措。

男子与年长的女孩睡一个床铺。在此之前，我完全不知道他俩是一对夫妇。

“真是太对不起了。原本要今天动身的，可今天晚上要去演堂会，所以我们决定推迟一天出发。如果您今天非出发不可，那我们在下田再见。我们订了甲州屋旅店，您马上就能找到的。”四十岁妇女在铺上撑起半个身子说。我感到自己像是被她们抛弃了。

“您能不能明天一起走啊？我不知道妈要推迟一天。还是路上有个伴儿好啊。明天一起走吧。”男子一说，中年妇女也补充说：“就这么办吧。您特地给我们作陪，我们这样任性实在对不起。明天就是下铁也要出发。后天是在这次旅途中去世的婴儿的四十九天忌日，早就打算在下田聊表七周忌的心意。为了在那一天到达下田，才这么急急赶路的。我这么说很是失礼，但我们有不可思议的缘分，后天请您也为孩子祈祷一下吧。”

于是，我也决定推迟一天动身，走下楼去。为了等他们起床，我在肮脏的账房与客栈里的人闲聊。男子邀我去散步。沿着街道往南走有一座漂亮的小桥，我们倚在桥的栏杆上，他又开始谈起身世。他说自己曾经加入过东京的新派戏剧演员团，就是现在，剧团也常常来大岛港口演戏。他们随身的行李包袱中还露出刀鞘来，有时在参加宴席演出时，他还会表演一点戏剧的动作。他的柳条箱中装着衣裳、餐锅和茶碗等生活用具。

“我自误人生，导致潦倒。我的哥哥在甲府很好地继承了家业，我也就成了一个多余的人。”

“我一直以为你是长冈温泉的人。”

“是吗？那个年龄大的姑娘是我的老婆，比你小一岁，今年十九岁。在这次旅行途中，第二个孩子早产，活了一周就断气了，老婆的身子还未复原。那个老太是老婆的生母，舞女是我的亲妹妹。”

“嗬，你还有个十四岁的妹妹呀……”

“就是她。我心里不愿让妹妹干这种营生，但是，这里面有着各种情况。”

接着他又告诉我，自己叫荣吉，老婆叫千代子，妹妹叫阿薰。另一位十七岁的姑娘叫百合子，是大岛人，雇来帮忙的。荣吉相当伤感，一副哭相，凝视着河流的浅滩。

回去时，只见舞女已洗净了脸上的妆，蹲在路旁，抚摸着小狗的脑袋。我想要回自己的旅馆，便说：“来玩吧。”

“嗯。不过就我一人……”

“你和哥哥一起来吧。”

“马上就去。”

一会儿，荣吉就来到了温泉旅馆。

“其他人呢？”

“女孩子们因母亲啰唆来不了了。”

但是，我们俩正下着五子棋时，姑娘们却走过小桥，咚咚地上到了二楼。她们像往常一样彬彬有礼地鞠躬致意后，跪坐在走道上，犹豫不定，还是千代子最先站起来。

“这是我的房间，来，不必客气，请进。”

玩了一个小时，艺人们去旅馆的室内浴池洗澡。她们一再请我一起去，因为有三个姑娘，我就搪塞说，回头再去。舞女一人很快洗好跑了出来，转告千代子的话。

“姐姐说要您去，帮您搓背。”

我没有去洗澡，而是与舞女下起了五子棋。不可思议的是，她竟然十分厉害。我们实行淘汰赛，荣吉和其他姑娘败得落花流水。我下五子棋一般都能取胜，但也得使劲对付她。我为不必故意让着她而感到心情舒畅。光我们俩下棋的时候，她一开始还从远处伸出手来落子，渐渐地几乎忘乎所以，一门心思地要趴到棋盘上来了。她那美得绚丽的浓密黑发几乎要触碰到我的胸前。突然，她满面通红地说：“对不起，要挨骂了。”她扔下棋子就跑了出去。原来是母亲站在了公共浴场跟前。千代子和百合子也慌忙从浴池出来，没再上二楼便逃走了。

这一天，荣吉从早晨到傍晚都在我的旅馆里玩。纯朴又热情的旅馆老板娘忠告我：“为那种人管饭，实在是浪费！”

夜里，我去小客栈，适逢舞女在跟母亲学习弹三弦。她一看到我就停了下来。听到母亲的吩咐后，她又抱起了三弦。她唱歌的声音一响，母亲就说：“我不是叫你别出声唱吗？”

荣吉被对面的饭店叫到二楼的宴席去演出了。从这儿可以看见他在念着什么。

“那是在演什么？”

“那是——能乐的唱词吧。”

“那唱词怪怪的。”

“他是万事通，谁知道他在演什么。”

这时，一位四十岁左右的男子拉开纸槅门，叫姑娘们去用餐。他在这家小客栈租了个房间卖鸡肉火锅。舞女和百合子一起拿着筷子跑去隔壁，去吃他剩下的火锅。再回到这边屋子的时候，那男子轻轻拍了拍舞女的肩膀，母亲很凶地叫道：“喂，别碰这个孩子，她还是个姑娘！”

舞女嘴上叫着“叔叔、叔叔”，想请他帮忙念《水户黄门漫游记》，可是那男子读了一会儿，就站起身走了。舞女不直接对我说要我读下去，而是一再唠叨着希望母亲出面来请我。我怀着一种期待拿起了故事本。果然，舞女慢慢地蹭着靠近了我。我开始念，她凑近脸来，几乎要碰到我的肩头。她表情认真，眼睛熠熠生辉，一眨也不眨，全神贯注地注视着我的额头。这大概是她听故事时的习惯，刚才她和那个火锅店老板的脸几乎也贴在了一起。我注意到，她那亮丽的双眸是她身上最美的地方。双眼皮的褶纹有一种难以言说的俊秀，笑起来就像一朵绽放的花朵。对她而言，宛如鲜花一般的笑意是恰如其分的评价。

不久，饭馆的女佣来接舞女，舞女穿上衣装对我说：

"我去去就回来，请等我再继续往下念。"

然后她在走廊上跪下行礼说："我去了。"

"绝对不要演唱。"母亲叮嘱道。舞女拎着大鼓轻轻地点了点头。母亲回过头来对我说："她现在正在换嗓子……"

舞女端坐在饭馆的二楼，敲击着大鼓。我可以望见她的背影，仿佛就在隔壁的酒宴上。大鼓声令我的心也在欢乐地跳跃。

"有大鼓声伴奏，气氛就活跃了。"母亲看着对面的酒宴。

千代子和百合子也去了同一个酒宴演出。

过了一个小时，她们四个一起回来了。

“就给了这点儿……”舞女紧握的拳头松开了，五角钱的银币哗啦啦地落到母亲的手掌上。我替她又念了一会儿《水户黄门漫游记》。她们又谈起了旅途中死去的婴儿。据说，孩子生出来就像清水一样透明，他连哭泣的力气也没有，只活了一周。

我对她们没有好奇心，也不带一丁点儿的蔑视，甚至连她们是巡回艺人的身份也忘得一干二净。看来，我的这种寻常的好意，已经沁入了她们的心田。不知不觉中，我们说定要去她们大岛的家中造访。

“要是去爷爷的家就好了。那边宽敞，只要赶走爷爷就很安静，住多久都行，还可以学习。”她们议论着，对我说，“我们有两处小家，山上的房子是闲着的。”

此外，我们还商定，到正月时由我帮忙，他们一家要在波浮的港口演一场戏。

我渐渐地明白，她们浪迹旅途的心情并不像我一开始想象的那么艰难、局促，反而并没有失去野性，显得无忧无虑。因为是母女姐妹，令人感到她们的骨肉情深。只有那位雇来的百合子，相当腼腆羞涩，在我面前总是板着脸。

过了半夜，我走出了小客栈。姑娘们送我出来，舞女帮我把木屐掉转个儿，接着将脑袋伸出门外，眺望着明亮的天空。

“啊，月亮呀……明天就到下田了，真高兴。做完婴儿的七周忌，让妈妈买个新梳子，还有许多要做的事情。你要带我去看场电影哦。”

下田港，对于在伊豆和相模的温泉浴场巡回旅行的艺人们来说，是一个旅途中的故乡。这个小镇有着令人怀念的气氛。

五

艺人们各自拿着与翻越天城岭时同样的行李。小狗的前腿搭在母亲的手臂上，一副习惯于旅行的面相。离开汤野后，又进入了山中。海上的朝阳温暖着山腰，我们朝着朝阳的方向眺望。河津川的前方，海滨处显得开阔、明亮。

“那儿就是大岛呀。”

“看上去有那么大。你要来玩啊！”舞女说。

或许是秋天的天空过于晴朗，靠近太阳的大海像在春天一样起了雾霭。从这儿到下田要步行二十公里的路。在山路上一会儿能看见大海，一会儿又消失了。千代子轻松地唱起了小曲。

途中有两公里近道是险峻的山路，当被问到走近道还是走好走的大路时，我理所当然地选择了山路。

这条林间山路铺满落叶，陡峭而湿滑。虽然爬得气喘吁吁，反而使我赌气地四肢并用，加快了前行的速度。一行人被我甩到了身后，只能听见她们的讲话声从树林里传来。只有舞女一人高高地挽起下摆，默默地跟着我前行。她总是走在我身后两米左右的地方，既不扩大也不缩小间距。我回过头跟她讲话时，她便吃惊地站住了，微笑着回答。舞女跟我讲话时，我则打算让她赶上来，便停下等着。她也停下脚步，我不开步，她绝不行走。山路曲曲弯弯，变得更加险峻，我越走越快，只见舞女还是在身后两米专注地攀爬。山上一片静谧，其他人落在很后面，连说话的声音也听不见了。

“您的家在东京的什么地方？”

“不，我住在学校的宿舍里。”

“我也知道东京，赏花时节去跳过舞……那还是小时候的事，都已经忘记了。”

接着，舞女又问道：“您父亲还健在吗？”“去过甲府吗？”她断断续续地问了许多，还说起了到下田想去看电影以及死去婴儿的事情。

我们登上了山顶。舞女一屁股坐到枯草丛中的木椅上，放下大鼓，用手巾擦汗。她想拍掉自己脚下的尘埃，但是又突然跪到我的脚边，要帮我拍去裙裤下摆的灰尘。我急忙抽身，舞女一下扑空跪倒在地。她就这样弯身在我周身拍了一圈，还把撩起的裙裤下摆放下，对站着喘大气的我说：“请坐吧。”

一群小鸟从椅子旁飞起。四周静谧，连小鸟踩在枯枝上发出的沙沙声响也可听见。

“您为什么要走得那么快呢？”

舞女很热。我的手指咚咚地敲敲大鼓，小鸟们就都飞走了。

“啊，真想喝水。”

“我去找找。”

没过多久，舞女就从发黄的杂树林中空着手回来了。

“在大岛时你干些什么？”

舞女开始唐突地举出两三个女孩的名字，说起我摸不着头脑的话来。好像不是大岛，而是甲府的事。又好像是她小学二年级前同学的事。她想起那些便说了出来。

又等了十分钟，三个年轻人才登上山顶。母亲比他们再晚了十分钟。

下山时，我故意与荣吉落在后面，慢悠悠地边聊边走。约莫过了二百米，舞女从下面跑上来。

“下头有泉水，赶快下去，大伙儿都没喝，等着您呢！”

听到有水，我便奔跑起来。树荫下的岩石间流出清澈的泉水，女人们围着站立在泉眼旁。

“来，请您先喝。伸手掬水后，泉水会浑浊的。再说，在女人后面喝水就不干净了。”母亲说。

我用双手捧起清凉的泉水喝下。女人们不肯轻易离开泉眼边，喝完水又搓绞手巾擦干汗水。

下山后来到下田的街道，看见几处冒有烧炭的黑烟。我们在路旁的木堆上坐下休息。舞女蹲在路边，用桃色的木梳为狗狗梳毛。

母亲指责她：“木梳齿会折断的！”

“没关系，可以在下田买一把新的！”

在汤野时，我就打算问舞女要那把插在她刘海处的梳子做纪念，可梳过狗毛就不行了。

看到马路对面堆着不少成捆的小山竹，我和荣吉说这些山竹做拐杖正好，便起身走去。舞女跑着追上来，挑了一根比她身高还长的粗小山竹。

“你要干什么?”荣吉问。她有点犹豫，把竹子塞到我手上。

“送给您当拐杖！我抽了一根最粗的。”

“不行！粗的马上就知道是偷的，叫人看到多难为情啊。还回去！”

舞女跑回竹捆堆旁，又跑了回来。这一次给我拿了一根中指粗细的竹子。然后，她险些倒在田埂上，吃力地喘息着，等待其他姑娘的到来。

我和荣吉常常走在相隔十来米远的前面。“把它拔了，镶上金牙，就没有什么关系了。”舞女的话声忽然传进了我的耳中，我回过头去，只见舞女和千代子并排走着，母亲和百合子又在更后面的地方。她们并未意识到我的回头，千代子又说道：

“你说得对，去告诉他，怎么样？”

她们像是在议论我。千代子说我的牙齿排列不整齐，舞女便提出了镶金牙的建议。虽说是谈论我的相貌，可是我一点儿也不觉得痛苦，但也不愿继续偷听下去。我感到了一种亲密无间的心情。她们嘀咕了一阵，又听到舞女说：

“是个好人哪。”

“说得对，像是个好人。”

“真是个好人，好人才好啊！”

这样的对话有一种单纯和直率，像孩子袒露情怀般纯真。连我也觉得自己是个好人。我抬起头，放眼眺望万里无云的晴空和沐浴灿烂阳光的山峦，只觉得眼睑内有点微微的疼痛。我今年二十岁，经常严厉地反省自己那因是孤儿而变得乖戾的性格。由于难以忍受痛苦的忧郁才来到伊豆旅行。所以，从社会的一般意义上认定我是好人，使我有种难以言状的感动。山峦明朗，说明已经靠近下田的海滨了。我抡起刚才的竹杖，向秋季野草的尖头砍去。

一路上，常见各处的村口竖有标牌，上面写着：

乞丐与流浪艺人不得进村！

六

名为甲州屋的小客栈位于一进下田镇北口的地方。我跟在艺人们的身后，上到二楼屋顶下方的房间。那里没有天花板，坐在临街的床边，脑袋会碰到屋顶。

“肩膀疼不疼？”母亲好几次叮问舞女，“手臂疼不疼？”

舞女做出打鼓时的漂亮姿势，说：

“不疼，还能敲，还能敲！”

“哦，那就好。”

我拎了拎大鼓，说：“哟，还挺沉。”

“那当然比您想象的来得重呀。比您的书包要重得多了。”舞女笑了。

艺人们与同客栈的人热烈地互致问候，他们也是些艺人或走江湖的摊贩。下田港仿佛就是这些候鸟们的巢穴。舞女给那些摇摇摆摆跑进屋来的小孩分发铜板。我想离开甲州屋时，舞女绕到大门口，一边帮我摆好木屐，一边喃喃自语：“请带我去看电影。”

我和荣吉让一个无赖似的男子带了一段路，来到前町长当老板的旅店。洗澡后，我们一起吃了用新鲜的鱼做菜的午饭。

“请用这个为明天的法事买点儿花吧。”说着，我把包了一点点钱的纸包交给荣吉，让他带回。我必须乘明天一早的船返回东京，因为我的盘缠已经用光了。我说学校有事，艺人们是不会强行挽留的。

午饭后不到三小时，我又吃了晚饭。饭后，独自一人去下田北，渡过大桥，登上下田的富士山，眺望港口。回程绕到甲州屋，见艺人们在吃鸡肉火锅的晚餐。

“哪怕尝上一口也行。虽说女人用过的筷子不干净，但也可以当作笑话讲。”母亲从行李中拿出碗筷，让百合子去洗。

他们都说，明天是婴儿四十九天祭的日子，无论如何也请待上一天再走，可是我以学校有事当借口没有答应。母亲便反复说道：

“那么到寒假时，我们一起到码头去迎接您。请告诉我们来的日子，我们会期待着的。您别先去什么旅馆，我们会到船边去接您的。”

等到房间里只剩千代子和百合子的时候，我请她们去看电影。千代子按着肚子说：“我身子不舒服，不能走那么远的路。”她脸色苍白，浑身无力。百合子则拘谨地低着头。舞女在楼下与客栈的孩子们玩耍，看到我便一个劲儿地缠着母亲，求她让自己跟我去看电影。但是，最终满脸不悦、恍恍惚惚地回来替我摆好木屐。

“怎么啦？就让他带你一个人去不也行吗？”虽然荣吉插嘴说道，可是母亲好像还是不同意。我感到不可思议，为什么舞女一人就不能和我去看？我要走出大门时，舞女在抚摸小狗的脑袋。她一副神情淡漠的模样，让我没法向她打招呼。她好像连抬起头看看我的力气也没有了。

我一人去看电影，女解说员就着黄豆大小的油灯念说明词。我立刻走出来，回到旅馆。我的手肘撑在窗槛上，久久地凝望着夜间的街巷。这是个昏暗的镇子。从远处好像传来了轻柔的不停敲击的鼓声。莫名的泪水不知不觉地滴滴滑落。

七

出发那天的早晨七点，我正在吃早饭时，荣吉在路上叫我。他身穿带有黑色家徽的和服外褂，那是为了送我才穿的礼服吧。没看到姑娘们的身影，我顿时感到寂寞。荣吉上楼后对我说：“她们都想来送您，可昨晚搞得很晚，今早起不来，真是抱歉。她们说，冬天大家等着您，请务必要来。”

下田镇早上的秋风很冷。荣吉在半道上为我买了四盒敷岛牌香烟、柿子和薰牌口含清凉剂。

“妹妹的名字叫薰。”他微笑着说，“在船上吃蜜柑不好，柿子抗晕船，可以食用。”

“这个就送给你吧。”

我摘下鸭舌帽给荣吉戴上，又从书包里拿出学校的制帽，抚平褶皱。我俩都笑了。

靠近码头时，舞女蹲在海边的身影一下子跳进我的眼帘。直到我们走近身旁，她始终纹丝不动，默默地低着头。昨夜的妆仍残留在脸上，使我更加伤感。眼角的胭脂仿佛显露出她的愠怒，给人以幼稚威严的感觉。荣吉问道：

“其他人来吗？”

舞女摇摇头。

“大伙儿还睡着吧？”

舞女点点头。

荣吉去买船票和摆渡艇票。其间，我跟她说了一些话。舞女始终俯视着河流的入海处，一语不答。有时，我的话尚未说完，她就用力地点着头。

就在这时，有个土木建筑工模样的人说：“奶奶啊，这个人看来行呢。”

“学生是到东京去吧？要拜托您帮忙，把这个老太带去东京好吗？她真是个可怜的老太。她的儿子在莲台寺的阴山工作，在这次的流行性感冒中，儿子和媳妇都死了，给她留下这三个孙辈。实在是无奈，我们商量后决定让她回老家去。她的家乡在水户，老太什么也不懂，到达灵岸岛后，劳驾您带她乘去上野的电车。给您添麻烦了，我们在这儿给您作揖，拜托了。您看到老太这模样，一定也会怜悯她的吧。”

呆呆站立的老太，背上绑缚着一个吃奶的婴儿，两只手各牵着一个三岁、一个五岁的女孩。肮脏的包袱中露出大个的饭团和酸梅子。五六个矿工在安抚老太。我爽快地应承了对老太的照应。

“谢谢！我们应该把她送去水户的，却也办不到。”矿工们一一向我致谢。

摆渡艇摇晃得厉害。舞女依然咬紧嘴唇凝视着一处。我抓住轮船的绳梯，回过头去，想叫一声“再见啦”，不过还是没有叫，只是再次向她用力点了点头。摆渡艇回去了，荣吉不停地挥动着我刚刚送他的鸭舌帽。等到轮船远去，我才看见舞女挥动白色的东西。

蒸汽机船驶出下田的海面，当伊豆半岛的南端消失在身后之时，我倚着栏杆，专心致志地眺望洋面上的大岛。与舞女分别，已宛如遥远的过去。我去船舱客房看看老太的情况。乘客们都围着她，对她进行各种各样的抚慰。我放心了，走进了隔壁的客房。相模湾风大浪急，坐下后不时左右倾倒。来回走动的船员在分发金属盆子。我躺下身，把书包当作枕头。脑袋空空如也，感觉不到时间的流逝。眼泪扑簌簌地淌到书包上。我觉得脸颊寒冷，就把书包翻了个儿。我身边躺着一位少年，他是河津一位厂长的儿子，为入学准备而去东京，看到我戴着一高的制帽，对我产生了好感。我们聊了几句后，他问：

“您是遇到什么不幸的事情啦？”

“不是，刚与人离别。”

我十分坦率地回答。被人看到自己流泪，也无所谓。我什么也没多想，好像只是在神清气爽的满足中静静地入眠。

不知不觉中，海上暗了下来，网代和热海亮起了电灯。我感到身上寒冷，饥肠辘辘。少年打开了竹皮包裹的食物。我好像忘记了这是他人的东西，吃起了紫菜卷寿司，还钻进了少年的学生披风里。无论他人待我如何亲切，我都能很自然地接受，沉浸在一种美好又怅然的心绪中。明天清早我会把老太带去上野站，为她买好去水户的车票，我觉得这些都是极其自然的。我感到所有的一切都融合在一起了。

舱内的油灯熄了，船上装载的海鲜与潮水的腥味变得浓重了。一片黑暗之中，少年的体温温暖着我。我任由泪水流淌。脑海变成了一泓清水，滴滴答答地溢出来，杳无踪迹，只剩下甜蜜的快乐。

（一九二六年）

水晶幻想

每当夫人坐在镜前，“花花公子”总是会跳上梳妆台，坐在旁边的垫子上，歪着脑袋，全神贯注地注视夫人化妆，仿佛是个饶舌的姑娘在一旁催促。“花花公子”在梳妆台上被梳理毛发，它不仅能感知那是化妆，而且能通过化妆的方式，知道自己交配的日期，因为在它交配日的那天早晨，夫人会格外专注地为它化妆。

夫人的三面镜有三面镜子，总能照出三样东西。

左边上的袖镜能照出温室风格的玻璃房屋顶。不过那不是开花植物的温室，而是小动物们的圈笼。

“瞧，这镜子安放在此处，在我看来一点儿也不阔气！能一直照到院子里的精子和卵子。”这张西式梳妆台从百货店里搬来的时候，夫人突然这样说道。也就是说，急着讨好丈夫的夫人在镜子里最先看到的就是那温室风格的玻璃房屋顶。作为撒娇的话语固然稍有奇妙，然而，无论哪一对夫妇都在用旁人听来只能感到奇妙的话语相互恃宠作态，从而忘却其中包含着的悲剧。加上那些滑稽洒脱的语言，或许不过是人们悲剧的外露，因此夫人并没有意识到自己话语中的那几分奇妙之处。但是，她没有意识到的还有蓝天，（“啊，蓝天！”）这使她大为惊异，令她入迷神往。（宛如银色小石子一般掉落的小鸟；像银箭一般消失在海上的飞驰的帆船；仿佛银针一般在湖水中畅游的小鱼。）夫人瞥了一眼这些倏然逝去的景物，不由得感受到银白色鱼儿肌肤的冰凉。这是她首次看到蓝天引起惊讶的结果。这一惊异又与孤独一人的寂寞同属一类。倘若蓝天、大海、湖水等均是如今令人缅怀太古人类情感的媒介物中最有成效的事物，那么夫人的寂寞就是原始性的悲哀。也就是说，是镜子中温室风格的玻璃屋顶将夫人的心房瞬间劫掠一空。

事实上，虽然夫人紧紧抓住了三面镜子中最左侧的那块，但她丝毫没有察觉这一切。

“这儿好像不便作为放置梳妆台镜子的地方。阔气的东西还是要充分体现它的奢侈才好。我为了把科学从家庭的卧室中赶走，才把这与科学家毫不相干的装饰物买回家。真没必要把正在化妆的妻子的侧脸与科学实验用的动物圈笼一起映入镜子。”

“不过，要是用显微镜观察，那么连婚姻细胞也会呈现出色彩相当美丽的花纹。受精卵一点一点地变化，简直是上帝的图案。对了，过去‘花花公子’肚子里的蛔虫，就连那令人讨厌的虫子，也有如此动人的细胞。仅仅是让我领教这一点，我便会感到幸福。”

“那么想可不成。你不是也不想把镜子放在这儿吗？一时疏忽放在了这里，这才发现庭院里动物的圈笼映照在镜中，你不是吓得用手紧紧抓住左侧那面镜子吗？”

“哟。”夫人这才注意到自己的手。（啊，我美丽的手。一天要洗上几十次的妇科医生的手。指甲涂成金色的贵妇人的浪漫的手。彩虹。在彩虹映照下的绿色田野上的小溪。）

“我只是在无意中望着天空，通过镜子看的。既然镜子可以把天空照得如此漂亮，那么我这张脸理应照得比实际的更漂亮才对。这面镜子是会美化被映照的物体的！”

“是天空吗？你一面在看玻璃房的屋顶，一面在努力地望着天空。三面镜与对开门扇相似，把映照得叫人讨厌的那扇门关上就可以了，完全不必顾忌我。”

“讨厌！莫非镜子能把人变成心理学家？”

“有一首小学生唱的歌，说的就是这意思。”

“科学家的心理学，比化妆镜还要奢侈。女人的心与你说的科学，有什么关系啊？”

“关系大着哪！妇女杂志的医学专栏里也写得明明白白。说是女性在性高潮时需要心理上的愉悦。”

夫人看着镜子中自己失去了血色的脸颊。（人工授精器的移液管。避孕套。垂挂在床上的捕虫网状的白色蚊帐。她在新婚之夜踩坏的丈夫的近视眼镜。年幼的她，在身为妇科医生的她父亲的诊疗室。）夫人像要甩断头上的玻璃锁链似的摇着头。（供显微镜观察的动物的精子和卵子的标本掉落在研究室的地上，载玻片和盖玻片粉碎的炸裂声。玻璃碎片像日光一般熠熠生辉。）夫人那原本被丈夫的话语说得泛红的脸颊之所以变得苍白，是因为她无暇顾及自己的悲哀。她认为镜中出现的苍白的脸颊，或许就是镜子本身的悲哀。

“爱这玩意儿！”

“爱这玩意儿，”像是夫人对丈夫话语的回声，“哎，虽说有爱这玩意儿，但是授精时也未必需要性高潮啊，这不是你对我说的吗？”（移液管，移液管，移液管。连我挥动驯狗鞭的时候，也会发出移液管的声响。米左氏钳。）

“听说在德国还是什么国家，有一百二十七个女人接受了人工授精，其中有五十二人当了母亲，比起牛和马来，成功率相当低，不过还是达到了百分之四十一。另外还听到传闻，说尼姑庵里的小尼姑也怀孕了，她因残疾才出家为尼，连男人的长相都没见过。”

“所以说嘛，我们的希望尚未失却。”

“希望？……我可是吃足了那移液管的苦头。若想要孩子，还是快找到体外受孕的方法吧。如是一位发生学学者，就做一个童贞生殖的梦，别混入母亲的血液，生一个纯属父亲血统的孩子。能在睡梦中无儿无女地死去，那该有多么美妙啊！那才算是个与上帝战斗的人。”

“你就是这样在与镜子战斗吧？你试图从镜子中找出我的科学。眼下，连你的涂脂抹粉，也被称作化妆科学了。”

“说得对！虽然如此，你还不是在红白脂粉中寻求着你的爱吗？不管不顾地硬要老婆生孩子，这难道不是发生学可悲的倒退吗？要是结婚会弱化你的科学力量，那么你不给我买这梳妆台的镜子也无妨！”

“有道理！我们的恋爱是在发生学的研究室里发生的。你似乎认为发生学这一科学具有上帝的创造力、恶魔的破坏力以及难以言喻的令人可惧的威力，所以你才爱上了我这个发生学学者。但是，这种爱其实就是恨，我现在就是这么认为的。也就是说，你在憎恨发生学的美梦，认为它把女人身上的母性扯进了发生学中。即便是现在，想要孩子的也不是我，而是你！你又总想着颠倒黑白，这样倒也正好。是你试图从发生学学者的立场看待问题，而我呢，则希望逐渐从母亲的角度来看待问题。结婚嘛。恐怕是你把夫妇关系搞得过分亲热了吧。”

“是的。”

夫人从正面的镜子中看到了她脸颊上十分美妙的蔷薇色。她的脑海里浮现出清洁、雪白又宽敞的理发店，那里放着的梳妆台，正在为皮肤白皙得如同动物发光的牙齿般的少女打磨指甲的妇科医生。于是，夫人脸颊上生动地浮现出温柔、幸福的笑意。（清澈见底的水中浮现出美少年的阳具。少年像青蛙一样地游泳。）丈夫走出了房间。（从河岸边走过的学校老师说：“同学们，这成何体统呀！男生女生都在一起裸泳。”美少年又游到岸边，阳具在日光的沐浴下闪闪发光。他站在草中说：“可老师呀，我们都没有穿衣服呀，无法分出谁是男生，谁是女生。”）夫人看到镜中的自己如同少女一般羞涩。她曾经是一名少女，那个少女在这般思绪。（让老师微笑的少年真是个好孩子。身为妇产科医生的父亲的诊察室。手术台上的白色瓷漆。腹部朝上的大青蛙。诊室的房门。门把手的白色瓷漆。门上装有白色瓷漆的门把手的房间里有着秘密。我至今仍有这种感觉。白色的搪瓷面盆。她想摸一摸白色瓷漆门把手，忽然间却迟疑了。有好几扇分散的房门。白色的窗帘。女子学校的修学旅行的一个早晨，当我看到用白色搪瓷面盆洗脸的同学时，我就像男生一样爱上了她。理发师。年幼的她躺在椅子上请求为自己刮脸，还久久地仰视着他和他身上的白大褂。毛巾。老师不可能从我们游泳的河边走过，肯定是哪一本书中记载着那种事情。难道东京也有彩虹吗？这面镜子中也会有吗？还是孩提的她，站立在彩虹下方的小河岸旁。河流中有着银针大小的小鱼。秋风。孩提时的她认为那小鱼一定很寂寞。据说，古时候的人认为老鼠生于尼罗河，草叶上的露珠为昆虫之母，河泥在太阳光的照射下诞生了青蛙。雪。蜡烛。火。腐土。古希腊的亚里士多德[1]便已知道处女生殖。听说雄蜂生自未受精的卵。飞行婚礼。婚礼仪式——华烛盛典。婚礼音乐——洞房诗歌。婚床。她赤脚踩碎了丈夫的近视眼镜。婚床——鸳鸯枕。飞行婚礼——求婚飞翔。天女的羽衣。天使的纯洁。圣玛利亚哟，先生的研究将使耶稣的诞生得到科学证明，圣玛利亚哟，访问卡尔·冯·吉波尔特教授的天主教大主教如是说。天主教的纯洁。在她家乡古老的港湾教堂里，玛利亚——可爱的我原本打算忏悔的，却又忘得一干二净。重力、杠杆、天平、惯性、摩擦、钟摆与时钟、水泵。对了，这就是小学五年级第三学期的理科目录。西格蒙德·弗洛伊德和十字架。然而，雌蜂王一辈子只交尾一次。仅此一次，在巢穴以外，在居室外。每个蜂巢里只有一只女王蜂，百只左右的雄蜂，两万只以上的工蜂。春天里蜜蜂嗡嗡的飞翔声。犹如移液管触碰的火车车轮声。旅馆的白色蚊帐。不是春天，而是夏日。蜜月旅行。宛若银色小石子一般划空而落

---

1 亚里士多德（Aristotelēs，前 384—前 322），古希腊哲学家。逍遥学派创始人。柏拉图的弟子。著有《形而上学》《诗学》等。

的小鸟。太古之人相信天空的颜色会映入大海。每到发白的贝壳看上去泛蓝、红色的动物显得发黑的时候，潜水员就说，海底是没有红黄两色的。蓝色的光线射到海底的深度：法国的尼斯港四百米、意大利那不勒斯湾五百五十米、东地中海六百米。这是深海中的一块寂寞的感光板。一块直径一尺的白板，被沉入海底用来测量透明度。沉入水色月光中的白色瓷漆手术台。犹如倾泻至海底的月光一样，注入海底的放射虫的尸骸之雨。轻巧、雪白的尸骸之雨永不停歇地从空中降落，人们却完全没有感觉。它悄无声息、不分昼夜地落入海底。海底电缆线上的白色尸骸告诉我们，它们每百年会增厚一尺。从前的海底，如今成了白垩质的山。英国南方的多佛白崖。遥远的时间长河。粉笔。女子学校黑板上的花绘。短命的少女。水平线上的白帆。饭店油炸鱼那眼睛的水晶体。可怜啊，鱼是深度近视眼。与餐叉形状相同的妇科手术刀。像白色蚊帐、像睡帽一般的放射虫骨骼放大图的美丽的网格。像鱼的嘴和唇一样无味的新婚之夜。求婚飞行。没错，在新婚之日，在意大利那不勒斯湾海岸线的山丘上空虚、寂寞地行走时，我被蜜蜂的振翅声闹醒。求婚飞行。雌蜂王在晴朗明媚的空中飞舞，它在求偶。雄蜂群中唯有一只能与蜂王做仅有一次的爱。雌蜂王的受精囊。不论产雄的还是雌的，随心所欲。

雄雌之分取决于蜂王的产房。若把受精卵排在蜂王室和工蜂室，则为雌；若在雄蜂室产下未受精的卵，则为雄。若不将受精囊中的精子送往输卵管，则是处女生殖。雄蜂待在雌蜂的消化器中，只在生殖时才向输卵管移动。蜜月旅行。可爱的小丈夫。日本原生的血吸虫，一生交尾不停止。身体的一半为雄，一半为雌，抑或是三分之一为雄，三分之二为雌，雄变雌，雌变雄，飞舞的毒蛾。幼时为雄长大后变成雌的海鞘和盲鳗。对了，本想用某种东西来做比喻的，却忘得一干二净。用什么东西比喻呢？中河与一的小说写过信鸽传送种马精子的动人故事。求婚飞行。百米自由泳，五十八秒六，一九二二年。韦斯默勒[1]的世界纪录，一分二十五秒四，一九二四年。永井花子，日本女子纪录。令人怀念的少女时代。三千六百微米，一分。哦，这就是人的精子的游速。从体型大小的比例来说，这速度可与世界一流的游泳速度相媲美。银色的鱼儿。枪。蝌蚪。带绳的气球。十字架与弗洛伊德。比喻？象征的东西是何等地可悲！近视的鱼眼睛，水晶体。水晶球。玻璃。凝视着大大的水晶球的预言家是印度人、土耳其人，还是埃及人？

1　韦斯默勒（Johnny Weissmuller，1904—1984），美国游泳选手、电影演员。在1924年巴黎奥运会等获得过多枚金牌。引退后主演电影《人猿泰山》。

水晶球里宛如模型一般浮现出过去和未来的情景，是电影的画面。水晶幻想。玻璃幻想。秋风。天空。海洋。镜子。啊，这面镜中传来的无音之声。像无声的大雪一般泻落海底的白色的尸骸之雨。注入人心的死亡本能的声音。大海中感光板的感觉。这面镜子如同银板一样亮闪闪地沉入海底。可以看到它沉入了我的心海。雾夜，远处蓝色的月光闪着银辉。我热爱这面镜子，莫非我会变成这面可怜的镜子？）夫人用唇膏描着上唇，她并未察觉到自己的脸颊被口红的牡丹色衬映得更加苍白了。倘若这面新的化妆镜改变了夫人的化妆方式，那是因为夫人认为发生学中还是存在有助于生育不贞之子的观点。而夫人的这种想法，其实起源于闭锁在心底深处的可怕的念头。（移液管，移液管。将被注入体内的液体为何物？知晓者唯有夫人。万一是其他动物的……哦？遭此屈辱的女人，这世上能有第二人吗？）夫人就像关闭冰门一样，砰的一声关上了映照着温室风格玻璃屋顶的左侧袖镜。

但是，夫人并不想从梳妆台的位置上移身走开。

“你觉得化妆这事很快乐吗？”

“哟，我可是打算像姑娘那样爱你的。请你买这梳妆台之前和之后，哪一个我更漂亮？”

“悲剧女演员的妆越美看上去就越有悲剧色彩，这种说法看来有其道理。”

“不过，家庭可不是什么悲剧的舞台，是悲剧的后台。所谓的后台嘛……”信口开河的夫人接不上后面的话了。“别拿我瞎做各式各样的比喻！”

“说得对！这正是我想说的。你就像个迂腐的象征派诗人。你不能把科学的碎片当作歌词，因为科学毕竟不是女人感情的象征啊。”

“难道还有人比不具象征性的人更冷漠吗？”

“女人不懂意义深刻的象征，这点学者已有定论。然而，女人又总想把她丈夫的职业搞成浅薄的歌词。”

“是吗？我知道了。你认为女人只有在化妆的时候才会忘记那种浅薄的歌词吧。所以才为我买了镜子。你以为有了这三面镜，我就会忘记所有的一切，而我也可以成为并无意义的存在吧。”

夫妇俩经常在镜子前如此这般的唇枪舌剑。科学家家中这个过分奢华的梳妆台，看来也没有起到丈夫希望的作用。因此，有一天他漫不经心地说：

“家中没有一条狗真是太寂寞了。下次起码得弄一条有血统证明的狗来。”

“是啊。不过，要是人家说我们家是因为没有孩子才养狗，我会浑身发抖的。”

“去弄一条最能逗乐、最讨人喜爱的宠物犬，如何？”

“长绒犬，绒毛猎狐犬！听说那是欧美的流行犬，不牵绒毛犬的算不上贵妇。得给它梳理绒毛，吃完每餐后还得为它擦净嘴边的毛。”

“比三面镜还要奢华！”

于是，就买来了“花花公子”。

这条狗是英国船员带过来的。他们也曾去横滨朋友开的狗店看过，但是引进过来的品种好的绒毛犬少得可怜。不是可靠的买主，商人很难同意放手。适逢夫人听到信息，与附近的狗店老板一起追到神户才买到手。

先前那条小狗无疑也是猎狐犬，但那是在日本变了种的直毛公狗，是丈夫从某处要来的。至于这个某处究竟是何处，夫人大概有三个月都被蒙在鼓里。

那时，丈夫常去野狗屠宰场，将狗作为发生学的研究材料，从两百多条狗的肚子里切取一部分的婚姻细胞。或许实在不忍心杀死那条可爱的小猎犬，丈夫才把它要回家来。

丈夫在家里几乎不谈论他在研究室里的工作，也禁止夫人上研究室。他所在的大学没有发生学研究室，丈夫只好借用病理学研究室和解剖学研究室的一个角落。他说，病理学和解剖学的标本，不是女人可看的。可是在模模糊糊地搞清了这条狗的来历以后，夫人反倒喜欢上了那条狗。

丈夫多数时间在研究室里过夜。或许是那双在显微镜里观察细胞的眼睛疲累的缘故，他一看到夫人的姿态就感到惊异。他扔下公文包，连帽子也不脱，就把手搭在夫人的肩上，从玄关模仿交谊舞的舞步一路走来，还在房间里骨碌碌地兜着圈子。小狗紧随其后，汪汪地叫着，不停地扑咬丈夫的脚后跟。丈夫来了兴致，越发人来疯。夫人则觉得扫兴，被拖拽着转步子。丈夫时常一边看着狗的脸，一边做出要打夫人的模样。小狗骤然变色，对着丈夫吼叫。夫人请盲人按摩时，小狗便会朝着那张闭着双眼的脸扑去。夜里，丈夫从研究室返回住宅街时，狗会从四面八方尾随其后狂吠，因为他的西服上沾有狗尸的气味。夫人的小猎犬有一天竟然也围着丈夫转，还用鼻子磨蹭他的膝盖，那是因为丈夫那天杀死了一条处于发情期的母狗。夫人去伊香保温泉的十天间，狗几乎什么东西也没吃，饿得瘦骨嶙峋。夫人是带着女佣一同外出的，独自留在家中的小狗穿过家中所有的纸槅门，到处搜寻，咬散被褥的棉絮，还在卧床的枕头上拉了一坨屎，好像在表现自己极度的愤怒和悲哀。那是平时小狗和夫人并首而眠的枕头。夫人唆使枕头上的小狗向丈夫发动攻击，可受到攻击的丈夫对此觉得欣喜。丈夫与小狗的争斗，令夫人感受到体内有一股生机勃勃的热血在奔涌。

但不到两年工夫，小狗暴死了，它死于心脏腺状虫引起的肺部贫血症。

与那条日本小犬不同，这一次的猎狐犬气质高雅，一看就是贵妇的宠物。它有点粗硬的绒毛就像小时候父亲的胡须，扎着她的肌肤。眼睑好像画过似的，有着黑色的轮廓，中间是澄澈、湿润的眼睛。狗店老板对夫人说，日本是无法养出眼睛如此漂亮的狗的。这让夫人想起在家乡海港的外国人的眼睛。它笔直的前肢像竹马一样，走起路来一步一摇，看上去相当笨拙，却有着骏马一般的步伐。

狗店的老板说，一两年之中依靠交配费就可以收回本钱，可是，就要收取第一次交配费的时候，夫人不禁目瞪口呆地注视着“花花公子”。当夫人重新换过腰带来到客厅时，被狗店老板牵住脖套的“花花公子”四脚踩在长凳子上，正虎视眈眈地看着母狗。

（哎，还是个年轻的小姐呢！男孩，像小男孩的脸！）夫人边琢磨边说：

“欢迎欢迎！”

“正在喝茶时，它跟着女佣进来，立马就要扑上去。可是我想，夫人不在时不便进行。”狗店老板说。

“是吗？”（圣诞节。我要上街去。老是窝在家里。）“真是失礼了。”（小姐的衣着品位不错。眼睑看上去有点儿发冷。）夫人一面为煤气炉点火，一面心想。（红茶已经凉了。小姐为何缄默不语呢？不好办。是否要让狗店老板把狗牵到院子里？院子里晾着的是什么衣物？要不要端出糕点来？这小姐以为已经付了钱，就可以摆出装模作样的态度来？天又不冷。她肯定是不善言辞。狗虽然算不上好，也还是得挑些优点夸夸吧。对了，已经好久没就烧煤气炉的方法埋怨过女佣了。）夫人在炉子前站起身。

"带着狗，去银座？"（哟，去银座？）

"对了。领着狗上银座一走，准有两三个人会问这狗是什么品种，还有人在路当中劝我把它卖给洋人，真是尴尬。"

（走在银座的大街上，我这张脸怕是已经失去了青春的光彩。一张很少上街的妇人的脸。每当走在银座时，我在家庭里的私生活便恍若梦境。必须多上街才行。）夫人看了小姐一眼，小姐的目光落在膝盖上的《我们的狗》杂志的圣诞节专刊号上。

"也请您到我家去坐坐吧。"（又说什么莫名其妙的话。你到底是什么有钱人家的千金小姐啊？）

"我想带着狗一起去。"

"哟，我可以邀请它吗？"小姐抬起头来，一脸明朗。

（眼睛真像小男孩，是位家教良好的小姐。由我明说行吗？还是由狗店老板说吧。我家"花花公子"这样身高体瘦的大型犬属于新型英格兰的上好品种，而小姐的狗是美利坚犬风格的，有贵族小姐的气派。）夫人这样想着，然后说：

“不愧是猎狐狗，皮毛太好。白得赏心悦目，修剪得又到位。是用理发的推子剪的吧？”（不过，它蹲坐着时还算不错，整个形象并不怎么值得恭维。）

“是啊，用的都是化妆用具。各种刀剪一应俱全，用起来很方便。”

“哦！”（化妆工具。）夫人像回想起失落的梦境一样。（剪刀！妇产科的器械。若论剪刀的种类，妇产科里的器械倒是齐全。修指甲剪、妇产科的涅格莱式产钳状穿颅器。穿颅术。粉碎的婴儿脑髓。啊，我——圣诞节。小姐的眼睛像是男孩的，完全没有化妆。丈夫的近视眼镜。米罗[1]的维纳斯要是戴上近视眼镜那该多有趣。被灭亡者哟！虽然你们的眼睛可通过化妆变大，但你们身上的衣装还是不伦不类。故乡海港的天主教堂。父亲医院里做妇产科手术的气味。）

“叫它站起来看一看好吗？”（哼。在这儿可以把“花花公子”放出来！）夫人抚摸着她狗的脑袋说：“‘花花公子’，

---

1 米罗（Joan Miró，1893—1983），西班牙画家。继承超现实主义画派风格的代表人物。作品有《星座》等。

那就是你的新娘哦！”

话音刚落，狗店老板松开了手中的脖套，“花花公子”冷不防地冲着母狗从长凳上跳了下去。“哎哟哟，老板呀，快抓住绳子！”

“花花公子”脖套上的银铃声大作，小姐的狗不停地发出哀鸣之声。

夫人转过身，耸了耸肩。（我可不是故意的。我可不是故意做出这样的表情。但这样反而不妙。要做出若无其事的样子才行。小姐，要对你说些什么呢？化妆。把恋人的照片印在自己指甲上的法国女人。狗店老板默不作声，倒也沉得住气。这不是在做生意吗？人类手上的每一平方分米就有八万个病菌。六十六微米。狗有六十六微米。人和猫一样，都有六十微米。应该作何思考呢？新枕头。被光脚踩烂的丈夫的近视眼镜。小姐。）脖套上的银铃声越响越烈。（故乡海港的教堂钟声。圣诞节。伪君子。）

“圣诞节近在眼前了！”

“是呀。”

“如今我完全失去了信心，只是对养狗的圣诞节号杂志感兴趣。可小时候……”（对于小姐的情况真是一无所知。无话可谈。处女膜。圣诞节雪橇的铃声。像男孩子一样，多么纯洁的小姐。不能看她的脸蛋吗？小姐在婚床上一定会想起“花花公子”的。哎哟，我算明白了。我也爱着小姐呢！“花花公子”。像个男孩子？我小时候就被人家说像个男孩子。一起游泳的美少年，女校读书时漂亮的低年级同学。铃声。圣歌合唱团。女人身体的律动。故乡海港的教堂。啊，我要是与小姐一起走出这个房间就好了。居然对此全然没有意识。胡说！我是一开始就意识到了，只是装出忘记了而已。小姐也了然于胸吧。我不愿意走出这个房间。为什么？为什么？战胜小姐就是一种幸福。男人。黑胡须。白鞋。寄生在青蛙肺叶中的血管瘤单细胞生物。水蛇。裂蝓属动物。丈夫的显微镜中的性染色体。飞蛾。伊丽莎白女王。卢克瑟·拉贝。男人。“花花公子”。对了，就用你这带有发生学意义的劳作报酬去购买化妆用具。妇产科的器械。）

脖套上的铃声停止了，做爱结束。（终端示波仪。）这个词出现的同时，夫人的眼前浮现出女子学校的英语课本上的一行文字（协商是一种乐趣）。随即想起教室、英语老师以及因下一行翻译不畅而站立着的她的模样。可是，英语老师正目不转睛地注视着她那不明显的妆容。（由于当时的厌恶才记住的那一行文字。窥探她的脸色。我吗？终端示波仪。难道我会窥探小姐的脸色吗？我的妆容，即使脸色红晕，也不会显得丑陋。那是交尾期的蝾螈肚子上鲜艳的红色。倘若在纯净的河中清洗，必定会玷污水神与火神。血盆地狱。在家乡的孩提时代和在赞美诗中的铃声。拯救女人的祈愿。教堂的钟声。由山寺流入海洋的黄昏时的钟声。女子学校上完课后的钟声。做爱结束后公狗脖套上停息的铃声。丈夫与她的性交完毕。如同使用终端示波仪观察一样，我对小姐一清二楚。脸不发红的小姐。女人。内视镜。医用窥视镜。管状窥视镜。黑色玻璃。乳色玻璃。象牙。丈夫手杖上的象牙把手。为了不发出声音，把病房的门把手从里到外都用纱布缠绕起来。那把手是玻璃制成的，像秋夜一般熠熠生辉。美艳的嘴唇。如同煤气炉发出的吸氧声响。我把黑色橡胶管尖端的镍漏斗放到小姐的嘴上，目不转睛地凝视着她的嘴唇。小姐的嘴唇仿佛即将死去，湿漉漉地被氧气濡湿，宛如少年一般漂亮。真想用纱布为她擦擦嘴唇。对了，我的弟弟根本不曾死去。再说，我也不喜欢这样的小姐。房间的温度有点高了。如同煤气炉发出的吸氧声响。用外科小镊子敲击镀镍的薄金属的声音。如此一来，那些被污染的东西，有的得拿到干净的河水里去洗涤才行。牙科诊疗椅上装的镀镍污物筒。在玻璃上镀银的库埃尔格逊氏的医用窥视镜。妇科用的诊疗台。骨盆提升架。可怜的母亲呀。父亲诊疗室的房门把手不是玻璃制的。白色的珐琅。母亲终日疲惫不堪。父亲意欲抱起我，我不肯离开母亲时的哭喊。父亲在甲酚皂溶液中浸泡过的手指。一股来苏水的气味。双手触诊。杀菌橄榄油。哭着让人换尿布的婴儿的腿。凄凉的摇篮曲。小时候在故乡的赛河原的赞美诗。即便冥间的山路不在山脚下的原野，也必存在于世间。赛河原。两岁、三岁、四岁、五岁——不到十岁的幼儿，人人知晓它的存在。白昼尽可单独游玩，日头落山时，就有地狱魔鬼出现。于是，小孩们东奔西逃，被石块和树根绊倒，手脚被鲜血染红，孤寂可怜地铺砂子做床，以石头为枕，在呜呜的哭泣声中入眠。童心的歌谣。幼儿知晓，大人则不理解那伶仃的孤苦。母亲啊，每当父亲要抱我时，母亲就拎着白色的污物筒来到诊疗室，总是在那个时刻。那可不是小孩子该看的东西。牙医用外科小镊子敲击镀镍污物筒边缘时，我感到一阵晕眩。童贞。把双腿贴在腹部换婴儿尿片时出现的蒙古斑。门上装有白色珐琅门把手的房间里藏有秘密。母亲。我被父亲那充满来苏水气味的双手一抱，实在觉得孤寂。废墟。繁华和闲适安乐的城镇。庞贝。庞贝的废墟中，埋藏着窥视镜。死亡的城市。被埋葬的我的日日夜夜。日日夜夜被埋葬在废墟的我。与此人结婚实在是件好事，我有产生过一天这样的想法吗？真的，我就这样与小姐相对而坐。我就坐在我的体内。虽说是两个人在一起，其实是形单影只。我在丈夫怀里时的孤独。在孤独的情形下受累的感情是怎么样的呢？婴儿的孤独。孩子不宜看到的东西。病理学和解剖学的标本，不该让女人看到的东西。小姐这样是不行的，不该让对坐着的人感到孤独。我为了掩饰眼下的羞耻而沉默不语，并试图用驱逐羞耻的幻想来羞辱小姐。为什么呢？因为战胜小姐就是一种幸福！我是故意把“花花公子”从膝盖上放出去的吧？圣·奥古斯都教堂的玛利亚。）

“我说……”夫人嗫嚅着想接着（第一次吗？）往下说，“明天请再来一次好吗？保险起见。”

“好的，谢谢。”

“对了，还是后天来的好。你说呢，老板？”（小姐也一起来，也许狗店老板会单独来。我说过明天来吗？）

“嗯，还是隔一天为好。”老板心不在焉地答道。夫人看了他一眼。（多么粗俗的长相！陪伴者。原本我是想问是不是初次交配。未婚女子接受双手触诊时，必有母亲及其他至亲陪伴。腹壁的紧张。麻醉。我总觉得父亲医院里那些小姐们的陪护者长得很丑陋。跑来从我父亲手中保护小姐们纯洁的那些陪护者，好像他们才是为玷污小姐们的纯洁而来的。我竟然如此深爱着我的父亲吗？哦，不是的。对小姐们而言，我还只是个小女孩。小姐们把我抱在膝盖上。我羞红了脸说：“外来的阿姐，你的身上也有爸爸的气味。”儿对小姐和她们的母亲。我似乎已明白年龄这玩意儿的丑陋。哈巴洛克·埃利斯说过，三岁以后，人就变得近乎野兽了。）

“恐怕还不到三岁吧？”夫人装出故意注视眼前小狗的模样。

小姐也照葫芦画瓢：

“我想还只有一岁零三个月大吧。”

两只狗都很安静，它们反向站在玫瑰图案的地毯上，用似乎瞳孔散开的湿润的眼睛看着各自的主人。“花花公子”的前胸在起伏。随着脖子上铃声的止息，夫人的胸口也沉静下来。可是，它的胸口又再次律动起来。夫人注意到那种律动，却佯装没有看见。那是丑陋的，但具有一种使她感到自己的生活是虚伪的力量。夫人在琢磨：莫非这是眼前这位漂亮的小男孩气质的小姐的缘故？

“如此说来，它还是一只刚刚成年的狗狗啰？”（刚刚成年？说的是小姐啊。话虽这么说，但小姐一定会想起自己的母亲。还是个不大的孩子吧。地毯已陈旧。蔷薇。令人想起女人间的爱之眼神的蔷薇哟！伪善的花，无言的花！若是一块白玉，白昼可取在手中，夜晚哼唱：乖乖睡吧，夜晚乖乖睡吧！用这歌谣哄着孙辈入睡的祖母，她在想些什么呀？不同于男子，女性长大之后，还是愿意与同性手拉着手一起睡觉。孩子。宠爱的动物。还说刚刚成年……是啊，小姐喜爱狗狗。像母亲一样。做母亲的处女犬，多么漂亮，多么寂寞！夜晚乖乖入睡。地毯是新婚时购买的吧。妻子外出去寻亲，岂料在箭矢市场买鞋归。蔷薇红的乳头。蔷薇红的湿润，处女膜。黄蔷薇。紫丁香花。柿子花——将我埋葬于美丽的国度。难道只有在埋葬我的时候，你才把我当作一个人吗？雷德莱尔说过："处女膜是人的象征。"伊特尔梅涅尔人种的爱的形式。老鼠的月经。斯塔拉斯曼的实验。狗。生物学上说人与动物并无二致，为何唯有我一人陷入悲剧呢？狗。并不是庞贝的废墟。斯帕尔朗扎尼尝试为母狗进行人工授精应该是在十八世纪。授精移液管。男子同性恋。丈夫说过，人类为何要把机器人制作成人的模样？其实，那也是人的感伤呀！《八犬传》与工艺品小狗。女子同性恋。畜生。我一定要向丈夫复仇！）想到这儿，夫人顿时来了精神，忘记了女人该有的礼仪，开始滔滔不绝。

"这条狗来日本也是头一次。要是搞砸了，繁殖的下一代说不定会效果不佳呀。这'花花公子'！"她在心中嘲笑丈夫，"这一条母狗，其实也是狗贩子进口的。一旦传开它无法受孕的消息，那它的价格很快就会下降一两千元的。"

"这才是给狗带来麻烦呢！"

"狗的世界，尚处在女大学生的时代呀。不过，说句老实话，或许狗在科学上进步得要快些。好狗的婚姻百分之百属于优生学。人类好不容易才懂得了优生学，却不把它用在改造人类上，而用在家畜的改良上。"（凯撒的归凯撒，上帝的归上帝。地狱之门是无法战胜科学的。）她叽叽咕咕地说完，接着又说："近来，绒毛狗也开始一点一点进入横滨，'花花公子'差不多就要被优生学淘汰了。"

"哟，还是公狗好啊。总是长得漂漂亮亮的。母狗就容易变得憔悴。毛长的狗，分娩时毛脱得一干二净，饲养者的爱意全都集中到小狗身上了。"

"在体型上土崩瓦解，与人类的女人完全一样。"

"几时去评品会看，也看不到什么母狗啊。"

"来我娘家的患者嘛，（哟，没关系的！）我父亲在餐桌上时常笑话她们，说今天来的又是装作初产的孕妇。"（这一点，可没有鉴定处女的特征和初生儿的死因那么困难。）

"小姐。"小姐听到呼唤，稍稍歪过头看了夫人一眼。她那充满男孩子气的率直的眼神，宛若没有感情阴影的明亮的窗口，让夫人感到惶惑。她感到自己受到了嘲弄，只能变本加厉地讪笑别人。

"据我丈夫所说——"夫人突然笑出声来，她感到自己笑声的美妙。（说是丈夫，当别人谈起丈夫的时候，我好像从未使用过“丈夫”这个字眼。据我的丈夫所说？其实那可不是我的丈夫，而是泛指这世上所有的丈夫。）

“他写了一本关于发生学的书籍，完全没有销路。书中动植物名称的索引中，有日本原生血吸虫、蛤蜊、鸡、人。你们懂不懂？人的下面有括弧，可以看到里面还写着人类，人们。人竟然与草履虫、天芥菜属完全没有区别，这简直是在侮慢人类呀！”（说什么能关注人们脚上的鞋子也是一种趣味，你在父亲的医院里不是也帮女患者整理过鞋子吗？所以才会对别人的鞋耿耿于怀。再也没有比遭到丈夫奚落更可恨的事情了。天芥菜属的气味。对了，还有小姐身上的廉价香水味。是啊，刚才在门口看到的小姐的草屐，并非南方的鞋面，显得宽头宽脑的。为什么之前我会忘了这一点，只关注格调高雅的衣裳？完全不解奚落的含义。）“丈夫常说雄性动物中再也没有比人更幸福的了。只有人类中的女人，才在声音和形态上优于雄性。她们像雄性的捕蝇蜘蛛以及公火鸡那样长袖善舞，像雄性的金钟儿和金丝雀那样炫耀歌喉，又像雄性孔雀那样花枝招展地开屏，还像雄性的麝香猫和俄国灵猫那样发出香水的味道，而勾引的对象是男性无疑。唯有人类中的女性，才会集各种动物典型的求爱手段于一身，向男性献媚邀宠。上天虐待男性乃是生物界的规律，动物界的雌性之所以如此傲视群雄也是为了养育儿女。大自然总会庇护母性。如此一来，丈夫便调侃道：‘倘若人类女性拒绝生育儿女，对只把女性当作继子女对待的大自然进行报复又当如何呢？’而我是这样回复的：‘最知道自己是为生育后代而生存的是人，最不知道为生育后代而生存的也是人。’只要了解这两点，就会遭受两个方面的天罚。宗教和艺术，均产生于人类并非为了子孙生存的认识。像你这种试图用人工方法制造孩子的想法，与对创世之前没有生物的世界憧憬没啥两样。科学之路是曲折通往死亡冰河的道路。就像地球的运动轨迹呈圆形一样，时间的流逝也在那儿画着圆圈。”

自己是什么时候对丈夫说出这些话来的？夫人心中也明白，那全是些没头没脑的谎言。然而，夫人又对这种信口开河充满了一种陶醉之感，仿佛其中也包含着自己心中的郁闷之情。实际上，小姐那张脸在夫人紧盯不放的视线下显得困窘，又不愿露出微笑。这张脸总使夫人觉得有几分妩媚，她不禁想起了故乡教堂里牧师先生那漂亮的女儿说英语时的模样。因而，夫人丝毫不介意小姐的缄默不语，直至意识到狗店老板起身时，才像蒙羞的传教士那样吃了一惊。

狗店老板朝两只狗蹲下身子，给了公狗一巴掌。“花花公子”跑到夫人的裙边，摇着尾巴低下脑袋，跪下前脚，扭动着蹭着身子。

“差不多有二十五分钟了。”狗店老板看着暖炉装饰上的座钟说，“可以了吧。”

母狗被抱在小姐的膝盖上，蜷起了腿。夫人的右手刚一垂下，“花花公子”就摆出长绒猎狐犬特有的身姿，一边摇着尾巴，一边像马匹那样一次次翘起前腿，一下子跳上夫人的膝盖，舔起自己的海绵体。小姐有点想起身，又看着狗店老板。

“小姐，那就再打扰一会儿吧。最好让狗再安静地待上一两个小时。哪怕路远，也还是走回去的好。要是坐车，人力车要比汽车好，汽车更颠簸。不会有什么问题的。”

“请大家好好休息。我再去泡茶。”夫人抱着“花花公子”走出房间，好像要逃避浑身被剥得精光后的羞耻。可是，一关上身后的房门，她便把公狗粗野地扔到走廊上，爽朗地大笑起来，像是为了忍住笑而憋了很长时间。

“人这东西，是多么厚颜无耻啊！”（刚刚迈出父亲诊疗室一步的女人。那时我还只不过是个小孩子，真不知道女人这东西什么时候才能觉得可以找到自己的希望。狗为六十六微米，人为六十微米，鲵鱼为七百微米，松藻虫最长，为十二毫米。人和大猩猩的卵子为零点一三到零点一四毫米，狗为零点一三五到零点一四五毫米。鲸鱼为零点一四毫米，鸭嘴兽为二点五毫米。卵子滑进输卵管时能够膨胀到十八毫米。“花花公子”，我了解童话故事里的算术。听说人类的女性怀有对季节性的婚姻的眷恋之情。那个人出门时说，今天要晚些回来。又是年轻貌美的夫人与狗共进晚餐吗？）夫人喜滋滋地站在三面镜跟前，呼唤女佣。

“去给客人们上红茶。”（水银澄明石榴影，明月皎洁恰似镜。）“再把镜子也擦一下。”

夫人急切地重新化妆，镜中出现了一个又一个开朗多嘴的女人。返回客厅后不久，小姐拿出一张男子的名片：

“家兄说想登门拜访。”夫人把小姐送到玄关，将名片放进自己的腰带中，这时手触及腰带里的纸币。那是刚从狗店老板那儿拿到的交配费用，忘记告知小姐一声。她不由得一阵脸红，不知如何招呼。

“明天——哟是后天吧，我恭候光临。”她又冷不防轻佻地补上一句，“老板不必特地劳神再来，我俩就行。”

说到这儿，夫人想起还没有给狗店老板付介绍费，于是急忙把老板叫进里屋，给了他一张十元的钞票。这时“花花公子”走了出来。小姐正在扣上大衣的纽扣，“花花公子”狂吠着扑向夫人的膝盖，因为夫人手上正拿着小姐的白狐皮毛围巾。

“别叫唤！”（你不是知道我没有毛皮围巾吗？）夫人朝“花花公子”的侧腹轻轻踢了一脚，把白狐皮毛围巾搭在小姐的肩上。

“不愧是猎狐狗啊，‘花花公子’！带着几十数百只猎狗骑着马打狐狸，真是一种贵族的游乐！想一想也觉得气派。”

母狗回去以后，“花花公子”在走廊里踱步，嗅着那儿的气味，用前爪挠抓客厅的房门。夫人赶紧粗暴地将它抱起，再次坐到镜台前。直到夜深丈夫回家时，夫人仍然对着镜子端坐着。

丈夫把公文包扔向梳妆台的角落，突然抓住夫人的肩膀，摇晃着说：

“喂，你只知道盯着化妆镜，连丈夫回家的动静都听不到。还说娶到这样的妻子是男人的幸福，这话是你喜欢的小说里写的吧？”

“你回来啦？冷冰冰的手，冷到我的肩胛里去了！”

“哼，你还不至于化妆成佛吧？看来哪儿都有开悟入道之路，显微镜也罢，化妆镜也成。”

“你总是在晚回家的时候，重手重脚地开门。”

“是吗？这就是说……”

“讨厌！我是懂你意思的。”

“你懂些什么？”

“你不恋妻子，只恋人类中的女性！你就是这样的人。”

“瞧瞧，又来了。”

“显微镜里的人看久了，自然会渴望化妆镜里的人。看你重手重脚地开门，我就知道你准是太寂寞了。”

“恰好相反。我研究进行得顺利时，回家是十分高兴的。感到寂寞的是你吧？嗯，也罢，就算是我寂寞好了。真要觉得寂寞，倒也是寂寞的。问题在于，作为一个妻子，你就是觉得你的丈夫寂寞，也不应该说出口呀！”

“说的也是。不过显微镜中的人生和化妆镜里的人生，你觉得哪个是寂寞的？”

“这种问题你最好去问歌德。那家伙既是生物学家又是诗人。我只希望你别随意把我的研究搞成女人的歌。”

“你认为女人的镜子里只有歌的存在吗？正因为你有这种想法，我们的家庭才会滋生不幸。”

“至少，显微镜里是没有谎言的。所谓的幸福和不幸，其实都是谎言！”

“我也这么认为。”

“对于女人和诗人而言，一切想法都是真实的，因此根本就不是科学家的敌人……这么多的狗毛，怎么回事啊？”

“我帮它化过妆了。”

“哎哎，你这是想让狗也去唱人的歌吗？那狗准会成为一种神秘的动物吧。老婆寂寞了就剪狗毛，是吗？”说完，丈夫脱下上衣，解开裤子吊带，用一只脚蹬落另一只脚上的裤子，搔了搔乱蓬蓬的头发。

“心情挺不错嘛。”

“嗯，睡觉！”

丈夫打了个哈欠，拖着往下掉的裤子，走进卧室。夫人这才意识到刚才一直在与镜中的丈夫谈话，自己居然连头都没有回。她把笑意留在镜中，站起身。她带着颇有含义的笑容注视着穿着衬衣坐在床边吸烟的丈夫，同时解开了自己的腰带。纸币和名片掉在脚下。她马上背朝后坐下，叠好腰带，她对自己感到惊讶地嘀咕了一句（坏女人）。通过坏女人的自我认定，她感到了生机勃勃的喜悦的前兆，仿佛虽然远处有强风呼啸，身边却寂静无声。（丈夫真是一副傻相。所谓的奸妇之夫，大概就是那副嘴脸吧。斯基帕的《巴利阿奇的小夜曲》。卡尔索的《停止开玩笑》。风流寡妇。家乡教堂的赞歌。海顿。巴赫。门德尔松。古诺。贝多芬。我喜爱天主教徒的音乐。装着所有天主教徒作曲家唱片的唱片盒。人所犯的罪恶均在身外，而行淫乱者则毁及自身。处女出嫁并非犯罪，但其身将遭遇苦难，我不忍心让你遭受苦难，婚姻毕竟胜于人的欲火燃烧。克鲁采尔奏鸣曲[1]。）伴随着《哥林多书序》[2]的语句，蒂博[3]的小提琴和科尔托[4]的钢琴曲一起激起了夫人的心潮。每次听到这张唱片，夫人总是以托尔斯泰的《克鲁采尔奏鸣曲》的情感来找到对于这首曲子的解释。在故乡的教堂唱赞歌，在曲调声中梦想美好的恋爱，这使她想起少女时代的习惯。然而，她折叠着腰带时浮想起却是这样的梦。（后天小姐来。客厅。两只狗。狗喜欢舔耳朵。丈夫在小姐面前一副尴尬的表情。她对着小姐轻声耳语道："那张脸难道不像奸妇之夫吗？"天芥菜属的气味。满脸通红的小姐的脸颊。啊，我出卖了自己的丈夫。犹大！为犹大生孩子的他玛。犹大之子珥的妻子他玛。珥的弟弟示拉说他玛不能生育，所以拒绝与她结婚。她脱下了寡妇服，用斗篷覆盖住身体，坐在通往亭拿路途旁的伊拿印城的门口。虽然她已是示拉的人，可示拉并没有娶其为妻。他玛怀孕后的欣喜。因为

---

1 克鲁采尔奏鸣曲，贝多芬《A 大调第九小提琴奏鸣曲》的通称。作品第 47 号。1803 年作。被赠予当时法国著名小提琴家克鲁采尔，故名。

2 《哥林多书序》，一译《致格林多人书》。《新约圣经》中，使徒保罗写给哥林多教会的第一封和第二封信。

3 蒂博（Jacques Thibaud，1880—1953），法国小提琴家。以典雅细致的音色和气派高贵的演奏而闻名。

4 科尔托（Alfred-Denis Cortot，1877—1962），法国钢琴家。热衷于瓦格纳，擅长演奏肖邦等人的作品。

她的面部已被遮盖，犹大见了一定认为她是娼妓。性功能障碍。女人无此名堂，只有动物的情欲。女人由此可成为母亲，又由此能变得水性杨花。抹大拉的玛利亚。扎莱利亚·梅萨丽娜。女人初次在外感受到从丈夫身上无法获得的喜悦时，那是何等美妙的幸福啊！女人的性功能障碍是什么呢？婚床。移液管。贞洁。性高潮。啊，圣母玛利亚哟！玛利亚，只是许配给约瑟为妻，却因为圣灵之故而至今尚未同房。啊，我在渴求恶灵。只有圣灵，才是美好的象征。）

丈夫已经离开了床铺，捡起纸币和名片。夫人在等待丈夫的殴打或者被脚踢背脊，却又带着稚气说：

“是那个人给的。”（夫人模仿小姐看自己时像是少年一般的眼神看着丈夫。）说着，她猛然转身坐好，从丈夫手上夺走纸币和名片，直直地凝视着丈夫说：

“是那个人的妹妹给的，她是来为狗做交配的。”（其实钱是从男人手里拿的。）“这是我要的。说是我要的总可以吧。”夫人一边给丈夫解开衬衣扣子，一边说：“一个像白色紫丁香花一样爽洁的小姐。我曾经以为她是你的情人。我们有过约定，今后的三年中要是还没有孩子，你可以纳妾。”（奸妇之夫。）

“我家的‘花花公子’也要做父亲啦！”

“你最好去找医生看一次。”

夫人本想冷不防地骂丈夫一句，也想红着脸点头示意。结果脸上一阵惨白，活像一块化石。

“说什么呀，你不是医生的女儿吗？”

夫人回想起年轻医生的话（那可不是太太的过失），同时回忆起当时对医生产生的强烈的憎恨。（马大。马大。父亲！）

夫人的声音在颤抖。

“我还是等你的实验室里生出人造人来好些。爱上那种孩子才更像发生学学者的妻子呀。那可是美好的象征！”

“要说人造人，就是上次你在百货商店见到的广告偶人吧，活像怪模怪样的印度女佛。的确，那是一种可怜的象征。美国人造电气公司的工程师将这种机器偶人称为声控机器人。那其实就是一个箱子，不愧是工程师的嘴。从机器本身来看，就是给机器戴上假面，来讨得顾客的欢心，简直是在犯傻。就有声音这一点，恐怕留声机和收音机也要先进得多。”

见丈夫说到这些，夫人躁动不安的心平静下来，然后以扬扬自得的柔声说道：

“瞧你说的。我完全理解你刚才想说的要点。什么女人的化妆就如同给机器戴上假面，真是愚不可及。记得有一次你说过，从鸡的体内割下的心脏放在培养液中可以存活八年之久，植物的花朵、小鸟的歌喉也一样。照你的讲法，只要将子宫放在培养液中养着，那就用不着女人了？像阿米巴那种单细胞生物的生殖才是不加修饰的东西，其他生物的进化全属虚荣了。”

“可阿米巴是不存在死亡的，那才是美好的象征。既没有父母，也没有子女；既没有男，也没有女；还无兄无弟。”丈夫披上睡衣，把充满来苏水气味的手伸到夫人的脸跟前。夫人解开腰带递过去说：“这是人造丝的。”

“是吗？”

“为什么要生产人造丝呢？人造大理石、人造珍珠、人造皮革、人造龟甲、人造酒、人造咖啡、人造人。只会模仿大自然，人类真是可悲呀。分明有比大自然更美妙的东西！可以认为这是人类太缺乏想象力的缘故。阿米巴那玩意儿，也是发生学的理想吗？”

“在说什么呀？”丈夫在床上打着哈欠。

“你累了吧？”(因为生殖而相信自我细胞的永生。十四、十五世纪的火箭。哺乳类动物的精子模型图。身体尚未形成百分之一时，你的眼睛已经看清了我的胚胎，把我生命中所有的日子都记录在你的账本上。杂种的形成将泯灭生物的分类。生死轮回。移液管。伏姬。显微镜用的标本。即便想起映照在袖镜里庭院中的温室风格的玻璃房屋顶，我也可以杀灭那来苏水的气味，扼杀那性高潮的律动！那是女人悄然的报复。）

于是，夫人又带着孩子气地说：

“要是真有狗生下孔雀那种童话的世界，人就不会感到寂寞了。释迦牟尼固然伟大，但若对转世为其他生物加以惩罚，那就比你还要浅薄了。”

“开什么玩笑！浮士德博士也不曾做过那样的梦。要是普通的牛和印度牛、马和驴那样的种类，倒是可以授精怀胎的。现在用于做实验的还是海中少数的低等动物。”

“那我就放心了。”夫人对自己的话感到惊异。她靠近卧床，谄媚似的向下看着丈夫的眼睑，“今天的研究材料是什么呀？制作显微镜用的标本了吧？你身上有一股味道。”

接着，夫人觉得冷冰冰的心底涌起一阵愉悦。

（据说男子每次想象外遇时，妻子就会马上有所察觉，从而变成一个冷漠的女人。但是，当男人想起那块小小的玻璃片时又会怎样呢？自杀。横卧在研究室内的丈夫的尸体。为研究做出的牺牲。散落一地的细小的玻璃碎片。）

“人？终究还是死囚吧？”

（一九三一年）

静冈县清水港的牙科医生青木好马给一位名叫阿霜的姑娘拔下一颗牙的当口，因脑溢血去世。此后不到一年，好马的儿子兵禄便和那位阿霜姑娘结了婚。

于是，莫名其妙的流言蜚语传播开来。但兵禄给的理由是，由于受到阿霜父亲的恐吓，不得已才答应的，这已被大多数人所接受。好马酗酒，儿子也到了二十五岁的年纪，他不论何时暴死倒也并非不可思议。但既然发生了这件事，阿霜就背上了不吉利的名声，像一件有疵点的东西一样，找婆家就难了。因此，把她强配给去世的牙科医生的儿子，倒也顺理成章。阿霜的父亲是尽人皆知的赌徒，绰号云五六。兵禄家门第好，拥有相当的财产。

这一次，兵禄的一个亲戚在婚礼上致辞时，漫不经心地说了句套话："真是奇妙的缘分。"云五六怒不可遏地说："什么奇妙！"并把对方揍了一顿。然后他又说："是呀，要说奇妙，好马和兵禄父子俩同时迷上阿霜，那才是奇妙。"他突然变得醉意朦胧。但是旁观者都认为他是故意装的，其实一点儿也没醉。父子俩共同喜爱阿霜的说法从女方父亲口中说出来，听上去反而像是编造的。大家都认为，云五六只是为了今后使新郎的亲戚感到害怕，才这样示威吓唬他们的。

从户籍证书上看，阿霜是云五六的亲生女儿，但其实是养女。一结婚，她就不假思索地把这件事告诉了丈夫。不过，她好像并没有要搞清生父的意图。

银作是在这场婚姻的第二年出生的孩子，阿霜在虚岁十八那年做了母亲。

银作六岁时，兵禄为考牙医执照去东京学习，阿霜拖着第二胎临产的身子到江尻站为丈夫送行。在火车站，银作并没怎么伤心哭泣，因为父母的分别充满了柔情。但在回家的路上，妈妈绕去云五六家，为什么要这样做呢？在小孩子银作的心中，与其说是奇怪，莫如说是不满。他害怕，他觉得妈妈一定会倒大霉的，但出乎意料的是，她只挨了一顿骂而已。因为兵禄去东京之前，养父不时来访，此事却一直对他保密。父母亲之间有关夫妇暂别的商量并不介意孩子听到，因此银作是知道这件事的。他一见到云五六的脸，先前的悲伤便减轻了，仿佛自己也骗了外公一样，有几分得意。不过，不知什么缘故，他始终怀有责怪母亲的心情，怪她为什么不直接回家。

然而，阿霜似乎被兵禄冠冕堂皇地赶出了家门，兵禄在东京期间就办妥了离婚手续。他用了一年半左右的时间取得牙科医生的开业资格后回家，立即为当地的艺妓梅子赎身。按说此举会引起一场闹剧，但云五六不知有什么理亏之处，他没有抱怨，把两名外孙交给兵禄，带着女儿离开了清水港。

就这样，银作和弟弟芳二由后母梅子抚养了。

芳二还是个不会走路的婴儿。他把梅子当作生母，与她亲近，好像是她亲手拉扯大的孩子。然而，梅子却与人们预料的相反，比起银作来，反而对芳二刻薄。银作对此一清二楚，并感到窃喜：梅子的任何薄情他都可以忍受，再说，他因为失去生母阿霜一事也在憎恨着弟弟，因为父亲和生母谈起要分居的时候，正是母亲肚子越来越大的时候。不久，梅子也连续生了两个孩子，银作便告诉弟弟：她是继母，不是生母！话里带着嫉妒、残酷的味道。四五岁的芳二全然不明白哥哥的话为何意，马上就如实去告诉妈妈，可是次数多了，他也开始“嗯、嗯”地点着头，一边听一边学着哥哥的样子，做出一副悲痛的表情。

然而，比起与芳二玩耍，银作更喜欢同父异母的弟弟。这倒不是为了取悦继母，而是带他们玩总有一种轻松之感。在心情孤寂之时，他会带着弟弟到外面，这时，大人就会宠惯他们。按照邻居及小学同学们的说法，他们俩作为继子受到相当厉害的虐待，若照传言去想，就会觉得继母的确很坏。但是，也许是继子受虐待的想法早就在脑中生根的缘故吧，银作倒并不怎么憎恨继母，只是到了同父异母的弟弟用铜板去买东西吃的年纪，平时手头并不严紧的继母，对银作和芳二就像对外人一样吝啬，一点儿小钱都舍不得花，这才使银作非常吃惊并耿耿于怀。

银作念小学六年级那年的七月，小时候看孩子、现在是街上旅店的女佣的妇女，粗野地打开门说："对不起，银儿在家吗？"她的声音洪亮，响彻屋内。一看到银作她就说："你妈妈来看你们啦！来，带上芳二一块儿来吧。"母亲阿霜来到了这家旅店。兄弟俩也住下了，母亲双手搂着两个孩子睡觉。芳二已经九岁了。银作对母亲变得这么胖感到惊讶。母亲只是一个劲儿地哭，抚摸着银作的身体，使他有一种做过坏事之后的感觉。他想，这就是亲妈呀。芳二好像是第一次见阿霜，很快熟睡过去。阿霜一遍又一遍地重复："怎么能把你交给继母呢？我要带你一起回台湾！"银作听了连连点头，十分高兴。可是，早晨他头一个醒来时，却莫名地心神不定。他摇醒了母亲，说是要去上学。阿霜夸他："学习是重要，真是个了不起的孩子。"银作的心这才平静下来。

银作把昨夜的事告诉父亲后去小学上学，他独自欢蹦，仿佛手脚也变得轻松了。在走廊上一看到竹子，便一溜烟地跑过去，猛地撞了她一下，然后就势跑到操场的底端。

竹子是继母梅子的妹妹，她好像要当艺妓，正在学习三弦和舞蹈。穿着打扮和化妆都是佐证。竹子几乎不到姐夫家来，她比银作低一个年级。但更为重要的是，她因为美而受到所有孩子的注目，可银作连话也没跟她说过。

放学后，银作仗着撞到竹子的余威，又冲到旅店的房间里，竟吃惊地站住了，原来父亲也在。在阿霜不停地指责下，父亲低着头。这位母亲已完全不同于八年之前的她了，他要赶梅子回家并不困难，但是在梅子也有了孩子的今天，这样做太傻，所以阿霜提出要带银作走。兵禄很懦弱，居然没问一下身边的孩子：你同意吗?

银作被母亲带到大阪，没想到落脚处竟是云五六的家。那儿是靠近大阪城的陋巷，房子和清水港的牙科医院无法相比。看到母亲很好地应付那些进出家门的无赖，银作忘记了刚到时的寂寞与后悔，连在继母身边时顾忌他人的胆怯也消失了，一下子靠近了成人的世界。母亲在这个三月间已经从大阪和纪州买来了五位姑娘，很快就要坐船由神户去基隆了。

第五天早晨到达了基隆。在那儿等了三天的便船，沿着东海岸驶到台东的鼻南街。大海波涛汹涌，海岸岩石嶙峋。反正是被卖到台湾去的，除一名良家姑娘外，其余四人都很放荡。在开往殖民地的三等客船中，阿霜的目光对女人来说是严厉的，但是这些寂寥的妓女们却把这位少年当作郁郁不乐的慰藉，当作她们逝去的美梦的回忆。随着银作的脾气日益暴躁，她们看上去好像都想成为他的奴隶。银作感到自己产生了看不起女人的念头，不过，这就像心中滋生了在任何场合下都是女人来拯救自己的崇拜女性的想法一样。

鼻南街周围被一种高而尖的杂草包围着。这儿不时刮起足以卷走柜子和小石子的大风，几乎不下雨。当时正好在修筑连接花莲港的公路，山上有一百五十名左右的日本人，因为未开化的蕃人很危险，因而靠驻军护卫。镇上也有一百五十名日本人，小学的三名教师腰间佩剑，享受委任官的待遇。阿霜与兵禄分手以后辗转流离，成了测量工程师的妻子，丈夫因修建公路上了山，她在鼻南街的宽敞的家中经营兼做旅店的妓馆。这儿的气候即便在正月也可以披着浴衣饮啤酒、在海中游泳，去拜年时要打遮阳伞，是个淫猥风气盛行之地。来到殖民地打短工的木匠、泥瓦匠，把待在山里挣到的钱全都花在妓馆里，然后再去山里干活儿。阿霜的生意因而很红火，工程师丈夫也挣到了大钱。小学里的孩子成绩都很差，银作作为优等生毕了业。

然而，就在银作即将毕业的时候，母亲的肺结核病突然变得严重了，她瘦得像浑身上下被抽干了水分，而当时银作和母亲一起住在旅店的时候，她还很胖。看来母亲的病有些年头了，还是在生银作的时候就染上了。妓女们虽然没有对老板娘的不治之症感到幸灾乐祸，但在表面的安静下总有一种生气勃勃的振奋之感吧。大概是对妓女们这一变化的反应，银作第一次因小事对妓女们吼叫起来，而妓女们只是哈哈嬉笑，但银作也不生气。只有在母亲患上不治之症的日子，他才能够盛气十足地训斥女人。

阿霜把银作叫到枕边说道："我不久就会死去。我卧病在床，既给丈夫添麻烦，也给你带来不便，心里感到难受。你可尽早回到清水港你生父身边去，等待我的回归。"银作哭着表示："要去的话，我陪您一块儿去。"然而，母亲固执己见，语重心长地留下遗言："你不应该像你的生父、我和你外公那样自误，要走正道！"银作激动起来，对母亲的嘱咐一概应允。母亲说："我现在才懂得，刚生下来时的芳二非常可爱。"母亲的这句话莫名其妙地打动了银作的心。

十五岁那年的四月，银作独自一人从遥远的台湾回到了静冈县，云五六来神户接外孙，他在大阪的家里住了一宿。

一旦病倒便不能照料丈夫的生活，这是阿霜流浪的经历教会她的道德吧，同时这又是女人的一种殖民地的感情。丈夫因山中的工作经常不在家，加上妻子还带来了前夫的儿子，因此只把银作当作一件好的玩物，可银作对这位继父倒不觉得不自在。虽说他们夫妇俩旁若无人地相爱，但在银作看来，比起兵禄和梅子的和睦总还有不一样的地方，他们在一起时会激情高昂。丈夫一走，阿霜就热衷于生意。这个镇上没有一个家庭是像样的。病情加重后，阿霜对把丈夫看作流浪汉、对妓女大声训斥的儿子感到恐惧，萌生了想回国去死的念头。

银作回到清水港的两个月后，从大阪发来了“母亲病危”的电报。他一个人去了大阪，阿霜和工程师丈夫已经到了云五六的家。看到亲生儿子，母亲的病情好像有所减轻，可是当银作放心地回到清水港后，电报又紧追而至。第二次再到大阪时，母亲已经入殓。

亲生母亲的死使银作坚定了离开继母家的决心。生母的遗言有力地响在耳边，在台湾又看到过高强度的劳动，所以他想靠做生意来立身，大胆的野心之火业已烧起。他也染上了那些出门打工者的根性。与阿霜生活的这半年，他对继母梅子产生了实实在在的感受，为不知道亲生母亲之死的弟弟芳二感到悲哀与可怜，银作已经可以独立观察问题了。他想起自己在船里和那些被卖的妓女们谈论继母，因为一再重复，待抵达台湾的时候，梅子已变成了一个魔鬼般的女人。不过，这些银作已不会告诉弟弟了。

进高小读了两个月，银作就停止了学业。他按照早就有的愿望去挂川街的布店当了学徒，可是老板净让银作送报纸干副业。银作很认真地求老板说：我是来学做买卖的。于是老板就安排他去京都市筒屋街的袈裟铺。每天都有许多东本愿寺等寺庙的僧侣送旧袈裟到店里来，银作的工作就是将这些袈裟拆开，用自行车把它们送到浆洗店、洗染店、缝纫店。待其他学徒起床时，银作已经把店里打扫完毕，坐在那儿拆袈裟了。因为他一心干活儿，不久老板也对他另眼相看，竟然派他去银行办事、去车站送货。少年银作怀着对未来的喜悦，想着“像京都那样的大城市，工作是很忙的”。不到两个月，送货已让给了新来的学徒，他到二楼去踩缝纫机了。这家店原来只有年近六十的鳏夫老板和一个十六岁的养子。老板又娶进门一个不到三十岁的年轻太太，那是银作来店后十天左右的事。这位新太太的事也只吩咐银作去做，他很高兴地向这位老板娘献殷勤，虽然这使他想到了继母和父亲家的事，但是，他反而把这位后妻当作自己人，想帮她去责备老板的养子。不过，看上去银作的感情还未与她相通，他想：继子和养子难道就截然不同吗？

不巧，店里丢了二十元钱。银作正好收到了父亲的汇款，买了一顶漂亮的鸭舌帽，还剩十多元钱。看到银作平时的表现，老板娘觉得不至于是他偷的，但转念一想又感到害怕，犹如一个年轻媳妇受了坏男人欺骗后觉醒了：那小学徒是有要弄我这没有远虑的女人的心啊！对此十五岁的银作根本不知道如何辩解，只是觉得自己如此忠厚地干活儿，却被怀疑成小偷，不禁委屈地流下眼泪。就在这时，在掌柜的唆使下，两人当夜逃离了袈裟铺。被盗的二十元钱是店主在商业学校读二年级的养子拿的，他买了鞋和其他东西放在学校里，所以家里全然不知。

二十岁左右的掌柜老早就跟银作套近乎，他们乘末班列车来到大阪，在便宜的客栈里过了一宿。掌柜对他说：“你要是在店里再待上三四年，被老板娘勾引会闯大祸的。”掌柜这番心虚的话，比起当天夜里让银作受的苦，更能唤起他的男子汉气概。他开始讨厌掌柜，第二天早晨与他分了手，脑子里顿时充满空想：尽快发迹，穿上漂亮的衣服再访袈裟铺。到那时，年轻的老板娘会怎样向自己赔不是啊！

为了借钱买火车票，他绕去云五六家，在那儿祭拜了母亲的灵位。云五六打开银作的钱包，给他加了五块钱。与阿霜死的时候截然相反，他对外孙很冷淡。银作当天就去了奈良，开往奈良的火车经过上本町六丁目，离云五六家很近，但是银作害怕京都站，没有走这条路，而是打算从奈良走关西本线去名古屋，然后回清水港。

然而，在奈良站准备买票时，他发现钱包被扒窃了。

他到站前的警察局去求警察："我把这只篓子寄在这儿，请借给我到江尻的火车票钱。"警察怕麻烦，看着篓子里的一件单衣、一件夹衣和两三册旧书说，他手头只有两角钱，还说常碰到像你这样的家伙。银作无奈之下，在车站茫然地望着从火车上下来的人们，见到一位特别美丽的姑娘，便突然问道："佣工介绍所在哪儿？"姑娘热情地为他引路，银作边走边巧妙地讲述了自己的经历，同时想起了在家乡的小学读书时，因为继母的妹妹竹子长得太美，连话也不能跟她说的往事。

佣工介绍所介绍银作到荞麦面馆去送外卖。他只用了十天，就大致搞清了老主顾去处的走法。就在这个时候，老板娘的弟弟来帮忙，银作被解雇了。在同一家佣工介绍所的斡旋下，他又到别的荞麦面馆工作。这一家江户庵的面馆在花街柳巷中，于大佛寺前也开了分店，比前一家忙得多，可银作干得挺欢，白天有空余的时间，他并不和店里的员工们搞无聊的游戏，而是阅读牙科医书。那是父亲的书，逃离京都的时候，他把书放在篓子里带了出来。

银作已先后在绸缎店、袈裟店、荞麦面馆帮了工，但是他并不安于干这些，而是打算将来做一门更好的生意。他想，不管怎么说，只要好好干，就能学会做生意，所以拼命苦干。他想做商人，却在读牙科医书，是因为他手边只有这扇通往学问的窗口。

过了两个月左右，又来了一位送面的，由于卧具不够，银作不得不与他同寝。夜间醒来，银作想起了几乎完全忘却的袈裟店的掌柜，再也睡不着了。如此失眠还是有生以来的头一回。看着一副傻瓜面相的熟睡的同衾者，甚至不禁留恋起那位京都的掌柜。可是，新来的送面者把疥癣传给了他，很快发得全身都是。正巧每月一次的餐饮业经营者的定期体检到了，检查者威胁说，雇用疥癣这样严重的人，要停止你们营业。富有人情味的老板无奈，只好给了银作二十元的津贴。

银作又来到了大阪，听说母亲离婚前帮父亲代诊的人在筑港附近开业，便去求他帮忙，但他已搬到京都去了。银作还是不敢去京都，认识的人只有外祖父云五六了，但上一次的冷淡使银作感到气愤。他茫然地坐在熟悉的驶往奈良的电车里，拖延上云五六家去的时间。十一点过后，两个刑警抓住了他，对他身上的钱的来路十分怀疑，判他拘留十天。警察询问云五六后，怀疑得到澄清，但是释放时，银作被拍了照片，取了指纹。云五六并没有来接银作。

少年银作对自己的境遇感到自卑，甚至不想去见赌徒外公。比起对袈裟店老板娘单纯的愤怒，这次对警察的怨恨竟使他心中留下了胆怯的阴影，干什么都得先环视一下周围的情况，担心后果。

他决心去神户的外国商行当雇员，这是他憧憬台湾社会的一种变态的表现，尽管他自己还没有意识到。他萌生了在这个社会上后退一步的嫌恶人的念头。他想象着外国商行的辉煌，很是振奋，但这同时证明他已经丧失了在荞麦面馆干活儿时下决心要学会做生意的心情。

在神户，银作还是从女人告诉他的佣工介绍所着手，他住旅店，四五天间用各种方法寻找工作，但是好的外国商行不可能录用一个没有身份保证的孩子。到了下午，银作拖着疲惫的双腿在海岸的长凳上休息，凝望着港口内的船只。秋风已起，离开清水港已有半年了。然而，比起思念故乡，银作更想看到第四防波堤边开往台湾的轮船，因为那船上去台湾的娼妓们令人眷恋。银作感到了迄今为止未曾有过的诗一般的悲哀，一种流浪感开始进入他的身体，他觉得可以在这长凳上打盹儿。

将银作摇醒的是一位穿着合身和式裙裤的风度颇好的老人，他对银作说：有比去外国的商行更有趣、更挣钱的工作，你可以帮我看管从轮船上卸货的劳力。银作大喜，跟他去一看，原来是名叫岛田组的码头工人集体宿舍，很像牢房，老人是个掮客。第二天银作就被叫到海上的货轮上卸货，十五岁的年纪，身体被任意驱使，累得眼睛都快看不见东西了。可是，过了一个月，刚刚有点习惯，又被弄到船舱里去干活儿，第一次是把船舱里面的货物挂上起重机的网，然后站在起重机的正下方打手势，可被吊上去的货物刚起吊，便发出低沉的声音飞过来，与这边的货物相撞了。银作的右手被两边的货物夹住，无名指的指头被切掉，小指被挤烂。他昏迷过去，醒来时已经被送到慈善医院了。

在这家医院里，银作迎来了十六岁的正月。清水港的祖父给阿霜拔臼齿，一拔下去就去世的往事从记忆深处泛起，那正是在这家医院里。与他一起躺在这儿的残疾人与台湾鼻南街的打工仔们又有什么区别呢？虽然少年无法感知二者之间的共同点，但他在医院无所事事的生活中，再一次找到了因码头装卸工的过分粗野的生活而悄然失去的自我。这时，在身上脂肪增加的同时，他还养成了打哈欠的习惯。

住院期间，工会每天付给银作五角五分钱，但医院每天要收六角钱，还差五分钱，另外还需要一点零用钱，两个月银作欠账十五元。靠码头装卸工的微薄工资怎么还呢？银作十分烦恼，真想像拔臼齿的祖父一样，下次让货物撞到脑袋上，一死了之。但是一位同情他身世的护士说，这么点钱，赖掉后逃走算啦！还直笑他太傻。在这之前，银作一直想回岛田组干活儿。然而，在出院的那天傍晚，他逃离了岛田组。不过，这一次与逃离袈裟铺时的心情不同，他感到很是爽快。

银作把衣服等身边的东西卖了八元钱，在阪本町的小客栈躲了两天，他已经不再是那种爱去海岸看通往台湾轮船的少年了。他告诫自己，若是外出，就有可能被岛田组的人抓住，因而连工作也不想找。加上在码头工人集体宿舍里的时候，他只是一味地害怕别人，一切听从他人吩咐，如今悠然地照照镜子，银作居然隐隐约约地产生了一种乐观的等待观望的倦怠：到实在没有办法的时候，凭着自己的美貌，也可以混口饭吃。小客栈的老板也是静冈县人，他给银作的父亲发了信。当银作见到来接他的父亲时，才真正感到松了口气，悬着的心也平静了下来。

父亲问他，为什么之前不告诉家里？银作也感到不可思议，如同过去在旅社与亲生母亲同睡的那个夜晚一样，他再次为生父的温情而惊异。春季也早早地来到了清水港。

四月末，因为来客有急事，银作去宴会叫父亲，没想到看到了刚从小学毕业的竹子一副雏妓的打扮出来送父亲，她拍拍伫立在那头的银作的肩膀，对他耳语："你得饶恕梅子姐的罪过。"眼泪突然从银作的脸颊上滚落下来。啊，自己还是得离开这个家，让继母幸福地生活，做个有出息的人。在归途中，他说服父亲让他去东京学习牙医。兵禄抱着儿子的肩头说："有什么好哭的?"他跟儿子约定，一定寄上每月的学费，银作则一直坚持说，他会刻苦学习的。

通过神田的一个工读生会的介绍，银作作为新宿小地方的一位齿科医的学生入院，那正好是没有患者的时候，银作成天要看孩子，所以他辞职转到了浅草森下町的牙科医院。他的佣工生活在这儿首次有了较长的持续，既帮忙诊察，也很灵活地掌握了技艺。老板劝他去上齿科夜校，他便去问父亲要学费。曾说定每月寄学费的父亲，别说钱，连棉被也没给他寄来过，可这一回，父亲却难得地寄来二十元。然而，他在报名的时候丢失了这笔钱。银作从医院的会计那儿偷了十元钱，交了听讲费。他想，只要马上让父亲再寄十元来，那么人家就不会知道这件事。可兵禄或许是不相信儿子丢了钱，连信都没有回。盗窃十元钱的事暴露了，说定由父亲赔偿后，银作得到了宽恕，可医院的人看待银作的眼色不同了。因为这件事，他被动的忍耐力消失了，那种流浪无所谓的想法又抬起头来。为了找工作，他溜出了医院，去了浅草公园的电影院。

片子放了两遍银作还是不动，一个小流氓趁机走过来说："对不起，你看上去在神户或大阪发达了，这次有原因才远走高飞到东京来的吧！"对方的慧眼使银作吓了一跳，不过，他又感到几分得意，便跟这个人近乎起来。这时，又有一个叫大濑的同伙来，给了他们俩三元钱。二人用这钱在雷门前的小客栈住下，银作这才知道这个学生模样的金田是小流氓。银作对他忽然感到一种爱慕女性般的依恋，无法好好考虑自己该何去何从。当金田告诉他种种扒窃的方法时，他好像在听别人的事，并没有表示什么强烈的憎恶或坚决拒绝的态度。

“嗯，对了，你专门去偷女人的。”听对方这么一说，银作的脸不禁红了，心口怦怦直跳。金田并不是为了让银作高兴才那么说的，而是他在银作身上看到了一个扒手良好的悟性。

从第二天晚上起，银作开始扒窃。在台湾生活的那种生气勃勃又复苏了。与在京都、奈良干活儿时不同，他感到了肉体的生存意义。同伙们要他选择呆头呆脑的女人行窃，但是他专找美女。他觉得自己在去奈良的电车中被窃那阵，如果要扒窃带自己去职业介绍所的那位姑娘，是用不着费多大劲的。

可是，正巧干了一周，在雷门车站行窃时，似乎被女人发现了，银作慌忙跳上电车，坐到浅草，从两国桥上扔掉了皮夹子，又返回雷门，这时被两名刑警逮住了。刑警发现现行犯，在电车里就跟上了。银作他们一直住在雷门前的小客栈里，早被当作危险人物了。

押送至警察局那一天，下着梅雨。银作被戴上了手铐，他望着右手上没有指尖的无名指，心想：反正到了这个地步，得设法逃跑。有一个逃跑到小酒店的女人，自称是被拘留了二十九天的犯人，她对银作谆谆嘱咐："在警察局不要垂头丧气，反正你是个孩子，送到警察局后，他们肯定会把你交给谁的。那时候，你就来找我。"

果然，检察官对他苦口婆心地说教了一番，就有一位救世主般的军官来接他。他们让银作等在拘留所和检察厅之间的地方，军官去见检察官。趁着这一点点的间隙，银作飞快地逃了出来。他回头朝后一看，心想：已经不要紧了！他突然破颜笑了起来，之后便是一阵难以言喻的轻松，高兴得好像一切恐惧都是假的一样。

银作没有找到那个说"来找我"的人在深川的家。他不禁想起前年因为逃出袈裟店坐火车未过京都站的事，又返回了浅草。在杂耍店里，银作又见到了金田和仓木。仓木好像是这个流氓团伙的头目。金田向仓木介绍说银作是扒手，很快，团伙成员们都认识了银作。银作在浅草田中町一带的小客栈中轮换着住，依然是一名专偷妇女的扒手。为此，他每天乘坐市营电车来回转，在其感觉敏锐之前，必定会陷入一个万念皆空的境地。这种时候，大概是电车摇晃产生的联想吧，去时与母亲一起，回来时只有自己孑然一身的往返台湾的漫长旅途的回忆，使他的心灵因遥远的甜蜜的伤感而摇曳、晕映。忽又惊醒，他的脑子又变得异常清晰，想着，“工作”一定要顺利！

在小客栈的入口处有家名叫“鱼鹰亭”的低档食堂。银作“下班”时，习惯先去食堂后面狭窄的空地上摆满啤酒空瓶的间隔处小便，然后进店吃喝。可是，有一天夜晚，那儿的空瓶被收拾干净了，银作吃了一惊，抓住一位筋疲力尽地提着三弦往回走的歌手，把这小姑娘当作挡箭牌似的走进店内。从里屋出来的老板娘很快撵走了银作不断取悦的姑娘，坐到银作跟前，别有用心地笑着说：“我说你呀，我家后面经常有人扔皮夹子。这种人住在店里怕不安全吧！”还说：“要是你也住到我家二楼来，钱要少花得多！”当天夜里，银作怀着一种极端憎恶的心情瞟着睡相难看的老板娘，热泪盈眶地思忖：明天早晨要送回那早已忘却的二十元钱，让袈裟店的老板娘后悔去！

虽然有流氓团伙的伙伴邀请，但银作还是与私娼保持距离，这是因为他的心里充满了矛盾——自己是不行的，而且恋爱必须要跟好姑娘才行。他的心中有竹子、袈裟店的老板娘、奈良的姑娘、神户的护士以及其他女性的幻影。而且要扒窃，对象也是女人，他心目中的女性形象使他对女人熟不拘礼，一面瞧不起女人，一面又总在做着美梦，似乎这个世界上只要有女人，自己便会成为一个杰出的人。因此，他与鱼鹰亭老板娘同居时极为沮丧，这是迄今为止不曾有的。银作十七岁了，之后不到一周时间，鱼鹰亭的两位女招待也成了他自由支配的对象。

老板娘吃了醋，把银作转到她父亲家，那儿也在浅草的陋巷，二楼出租，老夫妻两人靠磨制雨伞柄过日子。住在这儿的时间里，即使不怎么去吃喝，银作也每隔十天就向鱼鹰亭送去三十元，还给老板娘买了很多东西，同时，玩女人已摆上重要地位，扒窃女人钱包的感觉也变得更加大胆、肮脏。不久，他觉得被老板娘束缚有点傻，同住的剧场接待员又很会说话，于是银作便跑到一个叫作鸟浦的男人家住下了。

鸟浦家是前科犯法者和流氓恶棍的据点。银作的犯罪和嫖妓与其他人相比算不上什么。然而，有一位刑警把银作从品川的金波楼叫到外面，抢走了他的锦缎腰带。接着又有一个流氓威胁银作说要去告发他，还剥去了他的外褂。银作回到鸟浦家，假刑警和流氓一起讪笑，银作这才发现自己在这儿还只是一个小伙计，深感懊丧。他下了决心：你们等着瞧，下次我要闯进掌握凶器的世界。然而，就在这一天的夜里，有三名刑警找来，银作再次被捕。

在拘留所，银作听着下雪的声音，冰冻的胸部一下子紧缩起来。他咳血了，脑中一并闪现出祖父的脑溢血和生母的肺结核病这两种死亡。被转到病房后，银作的病情突然变得严重了，他心灰意冷，觉得自己的命运算是到头了。于是，他被安排到一个慈善团体，又转到海岸边的结核病疗养院，再次在病房迎来了十八岁的正月。父亲真的受了惊，寄来一百五十元钱。来到海边后，他的症状以不可思议的速度减轻了，住院的日莲宗教徒首次去参拜池上的本门寺，银作居然也参加了。归途中绕道横滨，趁着手头有钱，他买了许多强壮剂，心中充满了恢复期的畅快和久违的孩提般的喜悦。

可是第二天，鸟浦的房东来看他，银作经不起他的劝诱，又去了东京的鸟浦家。第一次在正午时分悄悄地溜回来，但是溜过两三次后，就发展到在妓院玩到深夜才归。这种令医院无法容忍的行为多次出现，因而医院借着他身体已好的口实，又把他交到警察手中。不过，法官们还是对少年过去的境遇深感悲哀，考虑到他的病躯，家境又尚好，所以并没有把他交给法庭公判，而是决定把他交给其父亲。在神户的小客栈被领回家的那个初春和这一次的初冬，老家和父亲家又有什么区别呢？

对银作而言，继母的恶作剧已经不值一提了，他凝视着她：嗬，这不是一位美人嘛！银作把父亲的放荡当作根源自我安慰，以取悦袈裟店老板娘的天性对继母过分亲昵。梅子像是一位脆弱的妇女，一旦有所意识便忽然恐惧地望着银作，恰似袈裟店老板娘惊呼可怕一样。想来，生母阿霜在台湾的时候就已经是个堕落的女人。比起无法回绝云五六的强求、在送兵禄到东京后还去云五六家住的阿霜来说，连妹妹竹子也不让登门的梅子要可靠得多。父亲是个没有出息的人，得过且过，又卑怯又自私，戴着老好人的面具。既不了解生母也不知道憎恨继母的让人看着可悲的弟弟芳二如今终于成了胜利者。银作的这种看法会因时间和场合的不同而不断变化，不过，回到家乡一看，事实上心中反而压根儿失去了故乡。十八岁的银作，许多人一般都会错看成二十三四岁。父亲要他不准外出，至少在家里待到十九岁的正月。但就是这么几天的时间，银作也感到难以忍受。

正月初八，银作要了五十元又上东京，说是去上神田的英语学校，可偏偏又跑到鸟浦的房东家住下了。父亲又不再寄款。他只好不断地向鸟浦借钱。好容易找到一份工作，别人知道他的经历后就黄了。鸟浦虽然没有明说要银作再去当扒手，但讨债甚紧。他只好在家里帮忙烧饭，等着汇款。在恶友的劝诱下，银作跑到洲崎的妓馆里泡了三天，鸟浦家也回不去了。有人煽动说：“真没想到，你这样的人还去做女佣的事！”于是，银作在电车中再次卖弄以前的本领，以此为开端，又扒窃了。

银作在秋雾笼罩的夜晚徘徊。忽然间，他又看到咳出的血痰，从那时起，他的扒窃带着临死之人的凌厉，不管被扒窃的妇女的美丑，甚至连对方的身体也不打量，只是盯着贵金属和钞票捆，他透视的世界里泛起了奇妙的光辉，他变成了一个令女人们心惊胆战的美男子。他带着五六个喽啰，旁若无人地在花街柳巷转悠玩乐。

就这样，银作感觉到岁末紧张的非常警戒的防线已经向自己逼来，他逃到了镰仓的饭店里。在食堂，他看到一位非常高雅的夫人在照拂一个五岁左右的小姑娘，忽然因童心复萌而热泪盈眶，心想：哎呀，很久以前确实在什么地方见过这女人。他瞑目静思，觉得那夫人竟然很像继母梅子。银作快乐地笑了，当笑意完全停止时，啊，又想到了竹子。回到客房里一躺下，他的身体就因对竹子的思恋而麻木了。自己为什么迄今为止都不能为这份恋情而顽强地生活？外面下起猛烈的暴风雪，入夜后更加肆虐。停电了，房间变得漆黑。不知为什么银作感到害怕，叫着：“给我要车来！”喊声惊动了整个饭店。

在松并木，载着银作的车摇晃着碾烂了青松的树枝，落下的雪又被风吹上去，像一幅白色的布帘在飘舞，路上到处是折断散落的松枝，裂开的树干下垂悬着粗大的树枝。暴风雪之夜，松林这等负伤的青色，在前车灯的照射下，宛如被闪电照亮的女人的裸体，异常鲜明。银作打算在到江尻的火车中扒窃新年旅客的钱包，在自己一生的最后时刻去赎出竹子。是不让她知道为其赎身的自己的名字呢，还是只搂抱她一回？这种犹豫被凌厉的暴风雪的呼啸声煽动着，银作感到无上的幸福。

他哭泣后，想从口袋里掏出手帕。稍一回头，发现追上来的汽车是警车。银作心想，要是在这儿被抓，那竹子怎么办？他打开车门，滚到雪地上，后面的车发出沉闷的声音压在他的身上。

银作当场身亡。

（一九三三年）

禽 兽

小鸟的鸣啭将他从白日梦中惊醒了。

一辆破旧的卡车上运载着一只大鸟笼，它比戏剧舞台上看到的运送重罪犯人的囚笼还要大上两三倍。

他所乘坐的出租车在不知不觉中驶进了出殡的车队。身后那辆车的挡风玻璃上贴着“二十三”这个号码。回头朝路边看去，这里正是一家寺庙的门前，正面向外的石碑上写着“史迹太宰春台墓”。寺门上还贴有告示：

“山门不幸，津送执丧。”

车行到坡道的中途。坡下是交警站立的十字路口。一时间居然有三十辆汽车涌到这儿，交通的整治实属不易。他看着关鸟的笼子，不禁焦虑起来。他向坐在自己身旁小心翼翼地捧着花篮的小女佣问道：

“几点啦？”

可是，小女佣并未戴手表。司机替她回答：

“七点差十分，我这表慢了六七分钟。”

初夏的傍晚仍然十分明亮。花篮里的蔷薇花香浓郁。从禅寺的庭院里却飘来了六月里某种树花恼人的气味。

“时间要来不及了，能否快点开过去？”

“现在只有右侧车辆能通行，要不……日比谷会堂在举办什么活动？”司机或许在思考回程可以载到什么样的乘客。

“舞会。”

“啊？……要放这么多的鸟，得花多少钱呀？”

“半道上遇到送葬的，还真是不吉利啊。”

鸟儿拍打翅膀的声音传来。卡车一启动，鸟就不安分地喧闹起来。

“很吉利。据说再也没有比这更吉利的了。”

司机仿佛是要用汽车来表达似的，他的车滑向右侧，一下子超过了出殡的车队。

“真好笑，想法正好相反。”他笑着，不过又觉得人习惯于反向思考也是理所当然的。

他们是要去观看千花子的舞蹈，却在顾忌什么吉不吉利，现在看来真是可笑。要说不吉利，比起沿途遇到出殡的，将动物的尸体就那样搁置在家中，反而显得更糟糕。

“回家后，你一定要记着把菊戴的尸体扔掉。它到现在还放置在二楼的壁橱里呢。”他一吐为快地对女佣说道。

菊戴死掉已经有一周了。他懒得从鸟笼里取出尸体，便连鸟笼一起塞进了壁橱。壁橱就在梯子顶端的突出部位。每当有客人来访时，他总会取出鸟笼下的棉坐垫。然而，他和女佣都对小鸟的尸体习以为常，懒得扔掉它们。

菊戴与煤山雀、小花雀、鹪鹩、青鸲、长尾山雀一样，都是体型小巧的饲养鸟。菊戴的上半身呈橄榄绿色，下半部呈淡黄灰色，头部为灰色，翅膀上有两条白带，羽毛最长的边缘是黄色的。头顶有一条粗粗的黑线，外围有一圈黄色的边，每当羽毛展开时，黄边就显得十分清晰，仿佛顶着一瓣黄菊。雄鸟的黄色较深，呈橙色。圆圆的眼睛惹人喜爱。当它们欢天喜地地在鸟笼顶端飞舞时，动作相当活泼，惹人疼爱，同时又很高雅。

菊戴是鸟贩在夜里送来的，马上就被放置在昏暗的神龛上。过了一阵子再看，小鸟们甜美地睡着了。两只菊戴相互依偎，把各自的脑袋伸向对方身上的羽毛中，圆鼓鼓的，恰似一只绒线球，简直无法分辨出两只鸟的躯体。

他这个四十来岁的单身汉，从中感受到了幼年时代的温暖，久久地站立在餐桌旁，注视着神龛。

他在思忖：或许在某地有这样一对青梅竹马的人也如此甜美地相拥而眠吧。真想有一位陪伴自己一起观看菊戴睡姿的人，但他没有去叫女佣。

打翌日起，每次吃饭时，他总把鸟笼放在餐桌上，一边凝视着菊戴一边用餐。每次会客时，他也从来不会不把爱赏玩的动物放在身边。他一边漫不经心地听着对方说话，一边对着小知更鸟打手势，用手指喂饲料，或是热衷于用手势对鸟做训练，或是颇有耐性地帮着膝盖上的柴犬捉跳蚤。

“柴犬还真有点宿命论者的模样，我很喜欢它。你把它这样放在膝盖上，或者让它在房间角落里坐上半天，它可以一动不动呢。”

常常等到客人起身告辞，他才去瞅一眼客人。

夏季时，他往客厅桌上的玻璃缸里放进一些绯青鳉鱼和小鲤鱼，然后说：

“因为上了点年纪，我渐渐变得讨厌会见男人了。男人真是讨厌，接触后很快就感到疲劳。无论是吃饭还是旅行，我一律以女人为伴。”

“您还是结婚的好。”

“那可不行。女人嘛，还是薄情寡义的好。觉得对方是个薄幸之人，佯装不知地相处，结局反而是轻松的。女佣最好也找薄情的。”

“正是这个原因，您才饲养动物的吧？”

“动物才不是薄情的呢……自己的身旁要是没有一个活物，那一定会寂寞难耐吧。”

他漫不经心地说着，一面目不转睛地盯着玻璃缸里的各色小鲤鱼。它们游动着，变换着鱼鳞的光泽。在这狭小的水域中，居然也有一种微妙的光的世界。他早就把有客人在的事情忘得一干二净了。

鸟贩每弄到一种新鸟，就会不声不响地拿到他家里。在他的书斋里，饲养的鸟类已有三十多种了。

“鸟老板，你又来啦？”女佣颇不耐烦。

“来不得吗？为这只鸟，这四五天呀，我的心情好着哪！不然哪有这么便宜的事。”

“可是，我家老爷总是过分正经地看鸟的话……”

“就觉得心中发毛，是吗？觉得他的精神失常了，是吗？整个家中静谧无声的。”

不过，有新的小鸟来到家中后的两三天，对他而言，生活充满了新鲜感，他能感受到生活在天地自然中的庆幸。但他却不能从人类的身上获得这样的情感，这多半是出于他自身不好的缘故。贝壳、草花是很美丽，但小鸟有生命的活力，他能够早早地领会造化之美妙。哪怕是禁锢在笼中的小鸟，它们小小的生命依然会呈现出富有生机的喜悦。

个子纤小、灵巧活泼的菊戴夫妇更是如此。

可是，饲养了一个月后，有一天喂鸟时，有一只飞出了鸟笼。女佣慌张之中没能逮住，让它逃去了仓库上方的樟树上。樟树叶上还结有早晨的白霜，两只菊戴一里一外地高声鸣叫着。他马上把鸟笼放到仓库的屋顶上，还备好了粘鸟的竹竿。两只菊戴悲伤难受，不停地啼鸣。然而，到了正午时分，逃出去的鸟似乎飞走了。这一对菊戴是从日光山那儿弄来的。

剩下的那只是雌鸟。它们曾是那么亲密地睡在一起，如今……他不厌其烦地催促鸟贩再弄一只雄性的菊戴，也在各家鸟商处奔波，但都没有找到。过了一阵，那个鸟贩又让人从乡下送来一对菊戴。他说只要那只雄的，可鸟贩却说：

“这种鸟是成双成对的，剩下的一只放在店里也没法办，那只雌的就算白送给您了。”

“可是，三只鸟待在一块儿能行吗？”

“大概可以吧。一开始的四五天，把两只鸟笼靠在一起，让它们适应一下。”

然而，他就像小孩子摆弄新玩具一样，已经等不及了。鸟贩一走，他就把一对新鸟放进了旧鸟的笼子里。没想到三只鸟闹得厉害。两只新鸟不肯到栖木上停留，从鸟笼的这头飞到那头，那只老的菊戴由于过分恐惧，呆呆地伫立在笼底，惊慌地仰望着两只新鸟吵闹不休。两只新鸟活像一对遭难的夫妻，互相叫唤。三只菊戴都心惊胆战，慌乱不已。他把鸟笼放进壁橱，这对新鸟夫妻便叫着依偎在一起，而离开了丈夫的雌鸟却孤零零的，怎么也不能平静。

他想，这样下去可不行，得把它们分到两个笼子里。

可是，一看到一只鸟笼里是一对夫妇，那只落单的雌鸟就变得可怜了。于是，他又把老的雌鸟和新的雄鸟装进一个笼子。新的雄鸟与被隔开的老婆互相啼鸣，与老的雌鸟合不来。尽管如此，不知不觉之中，它俩还是倚在一起睡了。到了第二天的傍晚，再把三只鸟关进一个笼子，也不像昨天那样吵闹了。两只鸟从两侧把头伸进一只鸟的身体，圆圆地合在一起睡觉。然后，他干脆把鸟笼子放到了枕边，自己也睡着了。

但是，第二天早晨醒来一看，两只菊戴鸟一起睡着，像一只温暖的绒线球，另一只半张开着翅膀，伸直了腿，倒在了栖木下的笼底，微睁着眼睛死了。他捡起鸟的尸体，也没对女佣说一声，就扔进了垃圾箱。他心想，不能让那两只鸟看见，这真是残酷的谋杀啊。

他不停地观察鸟笼，想了解“究竟是哪只鸟死了”。与他的预期相反，存活的像是那只老的雌鸟。与前天新来的雌鸟相比，他更喜欢这只养惯了的雌鸟。或许是他的偏爱导致了这一想法，可独身生活的他，原本是憎恨这种偏爱的。

“倘若对爱情加以区别，那么人类中明明有相当合适的存在，为什么要和动物一起生活呢？”

菊戴是一种羸弱的鸟儿，很容易死去。可是，剩下的一对鸟之后却活得很健康。

为了给从山里弄来的那些雏鸟准备饲料，尤其是那些禁止狩猎的伯劳鸟的孩子，他已经忙到了无法外出的地步。这天，他刚把脸盆放到走廊上让小鸟洗澡，藤树花就飘落了进来。

他一面聆听小鸟洗澡时翅膀拍打的水声，一面清扫鸟笼里的粪便。这时，围墙外孩子们的喧闹声传来，听上去，他们是在为一个动物的小生命担忧。他想，莫非是自己家硬毛猎狐犬的狗仔在庭院里迷路了？他踮起脚朝墙外一看，原来是一只云雀的雏鸟。它的脚尚无法站立，靠着软弱的翅膀在垃圾堆上爬动着。他突发奇想：我该把它收来喂养。于是他问道：

“怎么回事呀？”

“对面的那户人家……”一个小学生指着长满绿色桐树的人家说，“是他家扔掉的，这鸟会死掉的！”

“嗯，是会死的。”他冷漠地离开了围墙。

那户人家养了三四只云雀，也许他家觉得这只雏鸟到最后也无望发出美妙的叫声才把它扔掉的吧。很快，他就打消了自己的慈悲心，心想这样的垃圾鸟捡来也无用。

雏鸟中有的很难分清雌雄。鸟贩们总是从山里把小鸟连窝一起端掉，等到能分辨是雌鸟时，就立马扔掉。因为不会鸣叫的雌鸟是卖不掉的。所谓喜爱动物，也就是去追逐更优秀的品种，这是理所当然的。从另一方面说，也难免会有根深蒂固的抛弃劣种的冷酷。他从体验中得知，自己的性格是一见到爱玩赏的动物就喜欢，但是这种浮躁的心态到头来就是薄情，会导致自己的生活态度走向堕落。现在，无论是名狗还是名鸟，只要是他人养大的，哪怕是别人请他收留，他也不要。

作为一个孤独的人，他有自己奇特的想法，觉得人是讨厌的。仅仅是夫妇、父子或兄弟的关系，即使对方是无聊的，也得无可奈何地生活在一起，但每个人都有各自不同的个性。

更为重要的是，把动物的生命和生态当作玩具，把某个理想的模式定为目标，把人工的、畸形的培育方式当作一种悲哀的纯洁，能让他感到上帝一般的爽快。他冷笑着宽宥那些不停追逐着良种动物又虐待动物的所谓的动物保护者，认为他们是大自然抑或是人类悲剧的象征。

去年十一月的一个傍晚，有一个身患肾病之类的、干瘦枯槁得像橘子皮似的狗贩子绕到他家。

“我今天做了件荒唐事。进公园后，我松开了狗链子。四下里雾气很大，天色昏暗，隔开一点距离就看不清楚了。这时来了一条野狗，它竟与那条野狗勾搭上了。我急忙将它们拉开，照着我的母狗的腹部猛踢，踢得它站不起身来。万万没想到竟是这样的结果，真是让人哭笑不得。当时，我的母狗还乖乖地躺着不动。”

“真窝囊。亏你还是个生意人！”

“是啊，真是丢脸，这事还不好对其他人说。真他妈的，一下子就叫我损失了四五百元。”狗贩黄色的嘴唇在痉挛。

那条精悍的德国种军犬寒碜地缩着脑袋，用惧怕的眼光仰视着患肾病的狗贩。雾气又弥漫过来。

那条母狗，因为有他的帮助，看来应该能够卖出去。不过他还是叮嘱说，到了买主家，若是生出杂种狗，会扫了他的面子。但狗贩子大概是缺钱，过了几天，在没有让他看狗的情况下，就卖掉了那条狗。过了两三天，买主果然把狗牵到他家来，说是买回家的第二天晚上，就发生了死产。

“女佣听到狗发出痛苦的呻吟，打开木板套窗一看，只见它在走廊边吃着自己生的狗仔。女佣大吃一惊。当时天还没亮，看不大清楚，不知道究竟生了几只。女佣见到的时候，它在吃最后的那一只。我马上叫来了兽医。兽医说，一般狗贩子不会一声不吭地卖掉已经怀孕的母狗，一定是知道它与野狗交配了，便狠狠踢打它后才卖过来的。它下崽的情况也非同寻常，搞不好这条狗原本就有吃仔的癖好。

家里的人都十分气愤，说是要把它送回去！被这样虐待的母狗真是太可怜了。”

“让我瞧瞧。”他随意地抱起狗来，摆弄一下它的乳头说，“这奶头是喂过狗崽的。因为这一次是死产，所以它才吃掉狗崽的。”他对狗贩的不道德感到生气，也在怜悯这条狗。

他的家中也发生过生出杂种狗的事。

即使外出旅游，他也不愿意与同行的男伴睡在一间房里。他讨厌家中有男客留居，连要住宿的学仆也不收。但他只饲养母狗，倒与这种厌恶男性的郁闷无关。公狗只要不是优秀的，一般不会用来做种狗。一是购买要多花许多钱，二来还要去做活动家式的宣传，其人气的兴衰也变幻莫测。有时还会被卷入同进口品种的竞争，类似赌博性质。他曾去过一个狗商家，请人家让他看某种非常出名的日本种狗。那条狗整天待在二楼的被窝里，只要抱它到楼下，它就习惯性地认为有母狗来了，宛如一个熟门熟路的娼妇。它身上的毛长得很短，异常发达的性器暴露在外，他不忍目睹，感到十分可怕。

然而，这并不是他不饲养公狗的原因，而是因为他特别喜欢看母狗的分娩和饲育狗崽。

那是一条奇妙的波士顿小猎犬。由于它会挖墙脚、咬旧竹篱，所以到了交配期就把它拴了起来，但它还是咬断绳子跑出去了，结果生下了杂种狗崽。女佣叫醒他时，他就像医生那样睁开眼睛说：

“快拿剪刀和脱脂棉来！赶紧剪断酒桶的绳子。”

中间庭院的土地，只有沐浴冬日淡淡朝阳的地方有点新的色彩。在这一整天里，狗躺在院子里，一只像茄子一样的胎衣从它的腹中露出头来。它申辩似的晃动尾巴，好似倾诉一般抬起头来。这时，他突然感受到一种道德上的苛责。

这条狗是第一次生产，身体还未充分发育成熟。从它的眼神中可以看出，它还没有分娩的实感。

“自己的身上究竟发生了什么事？虽然还搞不清楚，看来有点棘手，该怎么办才好呢？”它有点羞涩，却又天真地任人处置，对自己所做的事情没有一点儿责任感。

这使他回想起十几年前的千花子。当时，她把自己出卖给了他，其表情和现在的这条狗如出一辙。

“听说干这种生意，就会渐渐地失去感觉，是真的吗？”

“说不定会有这种情况，不过要是遇到自己喜欢的人就另当别论了。再说，若是与两三个固定不变的人交往，也说不上是做生意吧。”

“我是非常喜欢您的。”

“即使如此，恐怕也不会有什么感觉吧。”

“不至于吧。”

“是吗？”

“到出嫁的时候，您会明白的。”

“是啊。”

“怎么办才好呢？”

“你都是怎么办的？”

“您的夫人是怎么办的？”

“这个嘛。”

“我说，你还是教教我吧。”

“我没有妻子。”他不可思议地注视着她那张过分认真的脸。

“和这条狗很像，真是过意不去。”他抱起了狗，把它放到了产箱里。

它很快就娩出了胎衣崽，看起来不知所措。他用剪刀剪开胎衣，切断脐带。第二个胎衣较大，里面有两只狗崽挤在混浊的绿水之中，颜色已呈死胎的模样。他动作麻利地用报纸将胎衣包上。紧接着又分娩出了三只，直到第七胎，全是胎衣崽。第七胎，也就是最后一胎，小狗在胎衣里蠕动起来，但是相当干瘪枯瘦。他看了一眼，马上用报纸连胎衣一起包上说：

“把它扔掉吧。在西方，会对产下的狗崽进行淘汰，发育不好的全部杀死，这样就能培育出良种狗。可作为人情家的日本人却做不到——来，先给母狗喝点生鸡蛋。”

他洗完手，又钻进了被窝，心中洋溢着新生命诞生后充满生机的喜悦，很想到大街上去转转。他早就把自己亲手杀死一只狗崽的事情忘得一干二净了。

然而，一天早晨，他眯缝着眼睛醒来时，发现一条小狗已经死了。他把死狗崽抓出来放进怀里，在早上散步时顺便把它扔掉了。两三天后，又有一条小狗僵硬了。原来是母狗为了做窝，将垫着的稻草翻拢起来，狗仔全被埋在稻草下，它们尚无力气翻开稻草爬出来，母狗也不把它们叼出来。不仅如此，母狗还睡在压着狗仔的稻草上，结果夜间就有小狗被压死、冻死了。还有被奶头堵得窒息而死的，它就像人间愚蠢的母亲一样。

“又死了一条。”他很随便地把第三只小狗的尸体装进怀里，吹着口哨叫拢狗群，一起去附近的公园。可是那条波士顿猎犬仿佛不知道杀死了自己的孩子，高高兴兴到处乱跑。一看到它，他忽然又想起了千花子。

千花子十九岁那年，被一个投机者带到了哈尔滨，在那儿待了三年，跟一个白俄人学习跳舞。那个男人的投机事业遭遇挫折，失去了生活的能力，就让千花子参加了一个在中国东北地区巡回演出的音乐团。后来，两个人总算回到了日本。他们在东京安定下来后不久，千花子就抛弃了投机者，与一个在中国东北演出时同行的伴奏者结了婚。后来，她在各地的舞台上演出，还举办过个人的舞会专场。

那时，他算是一个乐坛相关人士，但其实只是为一个音乐杂志出出资而已，并不懂什么音乐。但他常常出席音乐会，目的是与有一面之交的朋友闲聊。他也去看了千花子的舞会，结果被她野蛮而颓废的肉体吸引。他把六七年前的千花子与现在的比较，感到不可思议：真不知道究竟是什么秘密才使得她的野性得以复苏。他甚至想到，当年为什么不抢先与她结婚？

可是到了第四次舞会的时候，她的肉体力量一下子衰弱了。他趁机混进后台，千花子还未脱下舞衣，正在卸妆。他不管不顾地一把拉住她的袖子，把她带到昏暗的舞台后面。

“请你放开我。随便碰到什么地方，我的乳房就会疼痛。”

“这怎么行啊？你在犯什么傻？”

“可我很早以前就想要个自己的孩子，真想有个自己的孩子呀！”

“你想养个孩子？你这种娘娘腔的想法，靠一门艺术能生存下去吗？现在怀了孕，你打算怎么办？得赶快拿个主意啊。”

“我也是万般无奈呀。”

“别胡说！一个女艺人事事较真怎么行？你丈夫怎么打算？”

“他会高兴地养育孩子的。”

“哼。”

“要是以前我做那做营生的时候有了孩子，我也会高兴的。”

“那就别跳舞了，行吗？”

“我不要！”没想到她的声音那么激烈，他不再吱声了。

然而，千花子没有再生第二胎，生下的孩子也没看到在她身边。因为这件事，他们的夫妻生活渐渐变得灰暗，他也听到了那种传闻。

就像这条波士顿猎犬一样，千花子是无法尽心照料自己的孩子的。

对于小狗们，他若想帮一把的话，是能够帮上的。首先，第一只死后，他可以把稻草切得碎一点，或者在稻草上铺上一块布，这样就能拯救后面死去的狗崽。这些，他都是明白的。但是，剩下的最后一只小狗，也以与已经死去的三个兄弟一样的原因死去了。他不认为狗崽死掉的好，但也不觉得非将它们养活不可。之所以采取那么冷淡的态度，兴许是因为它们都是些杂种狗吧。

过去，路边的野狗常常会跟着他而来，他回家时会边走远道边与狗狗说话，给它们食物，为它们提供温暖的床铺过夜，让那些狗了解他的善心，为此感到十分庆幸。但是，自从有了自己养的狗后，他对路上的野狗就视而不见了。至于人类，也完全一样，他既看不起世上的家庭，又嘲弄自己的孤独。

对于云雀的雏鸟也同样，他很快失去了想养活它们的善意，觉得捡到一只没用的鸟也无任何意义，便任凭孩子们随意将它玩弄至死。

可是，在看那只云雀雏鸟的那段短短的时间里，他的菊戴已经洗过头了。

他赶紧把鸟笼从盆中取出来，两只鸟都倒在笼底不动弹了，像是两块湿透的破布。放在手掌上一看，又见鸟腿还在微微地抖动。于是，他又振作起来："谢天谢地，它们还活着！"小鸟闭上了眼睛，小小的身体彻底凉了，看来最终是要没救的。他把小鸟握在手里，放到长火钵边上烤火，还让女佣给火钵上新添的木炭扇风。鸟的羽毛上冒起了热气，小鸟颤抖起来。他觉得火烧得温度太高，疑心这是否能成为小鸟与死亡搏斗的力量。这时，他自己的手已被烤得有点受不了了，便在湿鸟笼底部铺上一块手巾，把小鸟放在上面，放在火边烤。手巾已经被烤成暗橙色了，小鸟不时拍动翅膀滚动着，仿佛被什么东西掸动了一样。但它仍然无法站立起来，眼睛也依然闭着。羽毛完全烤干了，可离开火边时，它还是倒在地上，看上去并未复活。女佣去饲养云雀那户人家讨教，被告知若小鸟十分孱弱，给它喂一点粗茶，用脱脂棉花将它包裹起来，用双手捧着就行。他等粗茶凉了，就往它嘴里喂。过了一会儿，当他把磨碎的鸟食放到小鸟身边时，小鸟伸出头来，啄起鸟食。

“啊，复活了！”

这是多么畅快淋漓的喜悦啊！他这才发现，为了挽救小鸟的生命，已经花去了四个半小时。

但是，这两只菊戴很想停在鸟笼的栖木上，却好几次掉落下来，或许是它们的脚趾已经无法分开了。他抓住一只鸟儿，用手指触摸，发现它的脚趾已经缩并在一起，变得僵硬，宛如细细的会折断的枯枝一样。

“老爷，是不是您刚才用火烤的缘故啊？”被女佣一问，他才意识到小鸟的脚已经变成干巴巴的，心想：“这下完啦！”不由得生起气来。

“不论是在我的手上，还是放在手巾上，怎么会烧坏脚呢？……要是到明天这脚还治不好，那可怎么办？去鸟贩那儿讨教一下吧。”

他锁上了书斋的房门，闷坐在里面，把小鸟的两只脚含在口中温暖着。舌头上的触觉使他要流下哀怜的眼泪。过了一阵子，他手掌的汗水濡湿了小鸟的翅膀。经他唾液的润泽，小鸟的脚趾变得稍稍柔软了一些。要是手脚粗野一点，那脚趾一下就会折断的，所以他先用手指小心翼翼地扳开小鸟的一根脚趾，让它试着握住自己的小指，接着又把小鸟的脚含在嘴里。他拆下鸟笼里的栖木，把装有鸟食的小碟子放到笼底，但小鸟已无法靠自己不自由的脚站立起来了。

第二天，女佣从鸟贩那儿回来说："鸟贩子说，是老爷烤焦了小鸟的脚。鸟贩还说，可以用粗茶水暖暖小鸟的脚。不过，小鸟会自己用嘴把脚啄好的。"

果然，小鸟不停地用嘴啄脚趾，衔住脚趾拉扯。

"这脚趾啊，你怎么啦？坚强起来！"小鸟就像啄木鸟那样精神抖擞地啄着自己的脚，试图让残缺的脚站立起来。它似乎在说："真是太奇怪了，身体的某个部分怎么不好使了呢？"见这个小生命如此坚强，他真想发声好好鼓励它一下。

他试着把小鸟的脚放在粗茶里浸泡，但好像还是放在嘴巴里衔着效果好些。

这两只菊戴都不习惯于与人接触，在此之前，只要用手一抓，它们的前胸就会剧烈地抖动。可是在它们的脚被弄痛的一两天里，它们对他的手掌习惯起来，不仅一点也不害怕，还高兴地鸣啭，并让人抱着去啄食，更令人感到怜爱。

但是，对菊戴的看护并未取得好的效果，它们变得懒洋洋的，蜷缩的脚趾沾满了鸟粪。到了第六天的早晨，这对菊戴夫妇结伴离世了。

小鸟的死完全是无常的。往往是在早晨，出乎意料地发现鸟笼里有它们的尸体。

在他家里，最早死去的是红雀。那一对鸟的尾巴在夜间被老鼠啃掉，鸟笼里满是鲜血。雄鸟第二天就倒地而亡，可是那只雌的不知何故，尽管先后迎来的雄鸟都一一死去，可长着像猴子那样红屁股的它却活了很久，后来因衰弱而亡。

“看来我家养不了红雀，所以现在不养了。”

本来他就不喜欢红雀这类少女喜爱的鸟。比起西方那些吃撒粮的鸟来，他更喜爱那些吃碎食的沉稳素雅的日本鸟。至于那些叫声悦耳的金丝雀、黄莺、云雀等，他并不喜欢。要说起之所以会饲养红雀，是因为鸟贩白送给他的。可是，死去一只后，他又接连买过好几只。

说起养狗，情况也类似。他家养过一次柯利犬，他就觉得在他家是不能没有那种狗的，如同人们都憧憬自己母亲那样的女人，热爱与初恋情人相像的姑娘，希冀与去世的妻子酷似的女人结婚一样。他不再饲养红雀，他觉得自己与动物一起生活，是为了让自己那自由傲慢的心情冷却下来。

红雀之后又死了黄鹡鸰，它的腰部后面呈绿黄色，腹部呈黄色，其温柔淡雅的姿态有一种稀疏竹林般的雅趣。与它熟悉了之后，如果它不想进食，他便用手指载食，小鸟就会半张开翅膀愉悦地颤抖，发出可爱的叫声，高兴地啄食。有时甚至还会啄他脸上的黑痣玩耍。有一次把它放在客厅里，它啄吃了太多的煎饼渣等食物撑死了。原本想再买一只新鸟，最后还是打消了念头，买了一只迄今为止没有养过的日本歌鸲，将其关进了空鸟笼里。

然而，菊戴之死完全是他的过失，无论是让它们溺水，还是烤坏鸟脚令其受苦。正因如此，他反而更留恋不舍。很快，鸟贩子又弄来一对。个头很弱小的一对。这一次洗澡时他寸步不离地盯着澡盆，但结果还是与上次一样。

从水盆里取出鸟笼时，小鸟闭着眼睛，瑟瑟颤抖，不过还能站立，比上一次好多了。这次只要注意别再烤焦它们的脚就行。

“又泡坏了。快生火！”他很镇静，却又觉得羞愧。

“老爷，您还是让它们死掉为好吧。”

他像清醒过来一般，吃了一惊。

“可是，上一次我不是轻易就救活它们了吗？”

“说是救活了，也没多活几天呀。我觉得，把脚弄成上次的模样，还不如早点让它们死掉的好。”

“要救的话，还是救得过来的。”

“还是让它们死掉吧。”

“是吗？”忽然间，他感到了自己的意识远去，肉体在衰老。他默默地上了二楼的书斋，把鸟笼子搁在窗台的阳光下，恍惚地看着菊戴慢慢地死去。

他在心里祈祷：或许阳光的力量能够拯救小鸟的生命。但是，他总感到一种莫名的悲哀，如同扫兴地看着自己的悲惨一样，这一次，他没能像上次那样大张旗鼓。

小鸟断气了，他把它们湿淋淋的尸体从鸟笼里取出，在手掌上放置了一会儿，再放回鸟笼，塞进了壁橱。他下了楼梯，若无其事地对女佣说道：

“死了。”

菊戴的个头很小，体质羸弱，很容易死亡。可是个头同样纤小的长尾山雀、鹪鹩、煤山雀一类的在他家却活得很健康。他觉得两次洗澡都让菊戴丧命，多半是命中注定的，譬如一只红雀死在他家后，别的红雀就很难在他家被养活。

“与菊戴的缘分已断。”他笑着对女佣说。他躺倒在起居室里，任由狗崽子们使劲抓他的头发。他从并排放在那儿的十六七只鸟笼里挑出一笼鸱鸺，拿到楼上的书斋去了。

鸱鸺一看到他的脸便怒目圆睁，转动着紧缩的脖子，嘴巴不停地向他呼哧吹气。这一只鸱鸺在他的面前是绝不吃食的。他用手指夹一块肉片靠近它时，鸱鸺就愤怒地咬住，却始终叼在嘴上，不吞咽下去。他曾经倔强地与它比过耐性，等了一整个晚上。只要他在一旁，鸱鸺连看都不看一眼鸟食，身体也纹丝不动。但到天亮时，它也饥肠辘辘了，于是传来了朝栖木方向横移的脚步声。他回头一看，只见鸱鸺缩起头上的羽毛，眯缝着眼睛，以一种阴险狡猾的表情，正朝着鸟食方向伸出头。见他回头，它吃了一惊，朝他厌恶地吹气，又摆出一副若无其事的样子。他把脸转向别处，再次听到鸱鸺的脚步声。双方四目相对时，它又离开鸟食。他们就这样反复较量着，直至伯劳鸟欢快地唱起了清晨的歌曲。

他不但不憎恨这只鸱鸺，反而觉得欣慰。有一次，他对朋友说道：

“我正在寻找有这种性格的女佣。”

“嗯，你倒有谦让精神啊。”

他露出一副不受用的表情，扭过头不搭理朋友了。

“叽叽、叽叽。”他在呼唤身旁的伯劳。

“叽叽叽叽叽叽叽叽。”伯劳高声地回应他，仿佛要压倒周边的一切。

伯劳和鸱鸺一样，也是猛禽。不过，它对给它喂食的主人极为亲切，简直像个爱撒娇的姑娘。只要听到他外出回家的脚步声，或者听到他的咳嗽声，它就会不停地鸣啭。一出鸟笼，它会飞到他的肩胛和膝盖上，高兴地拍打翅膀。

他把这只伯劳放在枕边替代闹钟。早上天一亮，他只要翻个身、动动手、整一下枕头，它马上就会撒娇地“叽叽叽叽”叫起来，即便是咽口唾沫，它也会“叽叽叽”地作答。不久，它会发出勇猛的声音呼唤他，像划破清晨的闪电，令人倍感爽快。伯劳与他招呼几次之后，他便完全苏醒了。这时，伯劳又默默地模仿起各种鸟的啼鸣。

首先是伯劳，紧接着各种鸟也鸣啭起来，这让他感到“今天也是吉祥的一天”。他穿着睡衣，用手指粘着鸟食时，空腹的伯劳就用力咬住他不放。不过，他因此感受到了伯劳的爱。

哪怕是在外只住一夜的旅行，他也会因为梦见动物而半夜惊醒，所以，他几乎不在外留宿。也许因为这个习惯根深蒂固，去别人家造访或外出购物时，只要一个人在途中觉得无聊，他便会半路上折返回家。不与女人同行的时候，他只得无奈地叫上小女佣一起。

即便去看千花子跳舞，只要看到小女佣拿着花篮，他也会说“算了，别看了”，然后折返回家。

这一天晚上的舞会是一家报社主办的，是十四五位女性舞蹈家的竞演。他已有两年没看千花子的表演了。他不忍看到她堕落的舞姿。她那野蛮力量的残留，不过是恶俗和媚态而已。她的舞台基本功以及肉体的张力都已经崩溃瓦解了。

虽然司机说了颇为吉利的话，但毕竟遇到葬礼出殡，而且家中还存留着菊戴的尸体，他便用了不吉利这个托词，只让小女佣把花篮送到后台便了事。可是，千花子却说一定要见见他。看到她现在的舞蹈，他觉得难与她细谈。趁着休息时间，他溜进了后台。但到了门口，他就惊呆了，赶紧隐藏到了门后。

千花子正在让一位年轻的男子为自己化妆。

她静静地闭着眼睛，轻松地伸长脖子，一动不动，一副任人摆布的模样。那张雪白的脸，由于尚未勾画眼睑、眉毛和嘴唇，看上去像一个没有生命的人偶，恰似一张死人的脸。

在近十年之前，他曾经想与千花子一起去情死。那一阵子，他总是念叨着“想死，想死”，却并没有任何非死不可的理由。长久单身地伴着动物过日子，不想活下去的想法只不过是漂浮在这种生活之上的泡沫花而已。当时的千花子懵懵懂懂地把自己在社会上的希望寄予他人身上，一方面任人摆布，另一方面又不能说这种生活就是自己想要的。因此，他觉得千花子可以成为自己寻死的伴侣。果不其然，千花子完全不知对于自己将采取的行动的意义，糊里糊涂地点头同意了。她只提出了一个要求。

“请把我的腿紧紧地捆上，否则它们会把衣襟弄得啪啪作响。”

他用细绳捆住她的腿时，仿佛才刚刚发现她的腿是如此美丽，不觉惊叹，心里想着：“或许别人会说，那家伙竟然与那么漂亮的女人一起死掉了！”

她背过身睡下，天真地闭着眼睛，稍稍伸长了脖子，然后双手合十。这种虚无的情感宛如闪电一般触动了他的心弦。

“啊，她不该死！”

诚然，他既不想杀人也不想自杀。而千花子是真心的还是出于儿戏尚不得而知。从她的表情上来看，这是难以判断的。那是在盛夏的一个下午。

不过后来使他感到惊异的是，之后再也没有梦见自杀，嘴上也不说什么“想死”了。当时他的心底回响着这样一种声音：今后不论发生什么事情，都得永远感谢这个女人！

让年轻男子为自己化妆的千花子令他想起了她当年双手合十时的面孔，那也是他刚才上汽车时在脑中浮现的白日梦。哪怕是在夜晚，只要想起千花子，自己就会产生一种错觉，好似被盛夏白昼那刺目的阳光包围着一样。

“既然如此，我又为什么要突然躲到门后去呢？”他喃喃自语地沿着过道往后走。有一位男子亲切地招呼他，他一下子认不出对方是谁，男子却兴奋地说：

“她跳得多棒啊！在这么多人的舞蹈中，更能看出千花子的舞技有多好了。”

“啊！”他想起来了。他就是那个搞伴奏的，千花子的丈夫呀。

“近来怎么样？”

“哎呀，本想去您处拜访的。去年年底，我与她离婚了。不过，她的舞跳得是真好，鹤立鸡群啊！”

不知何故，他的心里憋得难受：自己总得也找一些甜蜜的回忆吧。于是，他的脑海里浮现出一句话来。

正好此时，他的怀里藏着一位十六岁少女的遗稿集。近来，阅读少男少女的文章是他最大的快乐。十六岁少女的母亲曾给她的遗容化过妆。她在她女儿临终那天的日记末尾写下这样的话：

“诞生以来首次化过妆的脸，宛若新娘的容颜。”

（一九三三年）

母亲的初恋

一

佐山提醒妻子时枝，举办婚礼时，白粉施不匀会很丢人，就别让雪子再干洗洗涮涮的家务了。

作为女人，时枝理应对这种事多加留心。再说，雪子是佐山从前情人的女儿，这种关系也使他不便开口与妻子谈论这方面的事。

“是呀。”时枝并没露出任何的不快，点头回答，“至少得让她去两三次美容院，熟悉一下化妆，不然忽然间涂上厚厚的白粉，会不习惯的。”

随后，她叫来雪子吩咐道：

“雪子，你就别再干洗衣做饭的活儿了，杂志的文章里写着，举办婚礼时，让人看到粗糙的手很不体面……临睡前要涂上雪花膏、戴好手套才行。”

“嗯。”

雪子擦着手从厨房里走出来，跪在门边听时枝说话。她并没有羞得脸红，但听完后，她起身朝炉边走去时一直低着头。

这已是前天傍晚的事了。今天白天，雪子依然在厨房忙个不停。

佐山心想，如此看来，婚礼那天，她兴许还要做好早饭才离开吧。

他瞅着雪子，见她高兴地眯缝着眼睛，不时伸出舌头去品尝舀到小碟子里的汤水。

“可爱的新娘啊。”佐山被她吸引了，轻轻地拍了拍她的肩说，“做饭时在想些什么?”

“做饭时……”雪子吞吞吐吐，站着一动不动。

雪子喜欢烹调，从女中三年级时起就成了时枝的帮手，初中毕业后做饭就全由她包了。如今，时枝连调味也让雪子去干。“雪子呀，来尝尝这味道怎么样?”

就在雪子即将出嫁之时，佐山忽然想到，雪子烹调的味道居然与时枝如出一辙。

要说烹调的味道，即便是母女、姐妹也未必能做得一模一样。佐山想起乡下老家的两个姐姐出嫁前，家里让她们学烹调，可小姐姐怎么也学不好，始终贻笑家人。

佐山偶尔回老家，吃到母亲做的饭菜感到十分亲切，却因不合口味而受不了。如此看来，如今佐山家的口味是时枝从娘家带来的。雪子十六岁那年由佐山收养，她完全习惯了时枝烹调的口味，所以她会带着这种口味出嫁，说来真是不可思议，但在其他方面也会如此吧。

但雪子烹调的菜合她对象若杉的口味吗？

佐山渐渐怜爱起雪子来。

走进饭厅，他一看鸽子钟，便大声喊起来：

“我说，快点开饭吧，我要坐一点零三分的车去大垣！”

“就来。”

雪子赶紧把饭菜端来，又叫了在灶后断火的女佣。

雪子也一起坐下，在一旁伺候佐山和时枝。

佐山看着雪子的手，好像并没有因入水干活儿而显得粗糙，或许她本来就皮肤白皙。毕竟她还只是个十九岁的年轻姑娘。佐山觉得，她娇嫩丰腴的颈项处散发出一股温柔的馨香。

佐山不禁笑起来。

时枝抬头问：“你笑什么？”

“嗯，雪子戴上戒指啦。”

“可不是嘛。不过，那不就是订婚戒指吗？我说那是人家送的，让她戴上的，有什么好笑的？”

雪子羞得满面通红。她脱下戒指，张皇失措地将其藏在坐垫下。

“对不起，对不起！确实没什么好笑的，可说不上为什么，我有莫名发笑的毛病……寂寞时也会不由得发笑。”

佐山这番颇有辩解意味的话语令雪子更为拘谨，她越发坐立不安了。

佐山自己也闹不明白为何发笑，而雪子的羞涩劲儿也显得异乎寻常。

佐山换上出门穿的西装，吃完饭立即动身了。

雪子已提着皮包在门口等候了。

“就到这儿吧。”佐山伸手接过包。

雪子悲伤地望着佐山的脸，摇摇头说：“我送您到汽车站。”

佐山想，她大概有什么话要说。

佐山去热海，是为了给雪子和若杉预订新婚旅行的旅馆。

佐山故意放慢脚步，可雪子什么也没说。

“订什么样的旅馆好呢？”这话他已经问了好几遍了。

“叔叔觉得好就成。”

雪子默默地站着，直到汽车开来。

佐山上车后，她又目送了一阵，然后朝路边的邮筒里投进了一封信。投信的动作并不随意，看起来十分沉静，又似乎有点迟疑。

佐山回头从车窗望去，看到雪子站在邮筒前的背影，觉得这孩子还是到二十二三岁后结婚才好。

刚才那信封上好像贴着两张四分钱的邮票，那信是寄给谁的呢？

二

如同时枝所说，预订新婚旅行的旅馆之类的事打个电话或写张明信片就能搞定，可佐山还是借口顺便构思剧本，特地跑来了。

自从懂事起，雪子就受到继父和贫困的折磨。虽说被佐山家收留后生活安定了，但总还是个吃闲饭的人。再说，若只是寄宿在亲戚家倒也罢了，但自己的处境却是奇妙事由造成的。她或许有种困入牢狱的感觉。

结婚会使雪子首次拥有自己的生活和家庭。

佐山真心希望雪子于新婚翌日的清晨在一种强烈的解放和独立的感受中醒来，所以最好找一处景观怡人的地方，恰似从洞穴来到广阔的原野、阴沉的天空豁然变成晴空万里一般。

热海饭店等宾馆倒是不错，可以眺望南面的大海和海角。但这种饭店的格局、与其他新婚夫妇挤在一起的境况，会使羞涩稚气的新娘雪子感到不自在。旅馆近期所盖的新式独立厢房，又显得过分扎眼。

佐山最终选中的是供出租的古色古香的别墅风格的房子，这些别墅房稀疏地散落在宽敞院落的树丛和山坡之间，瀑布和水池也颇为自然，显得悠闲宁静，就像自己家的院落一般僻静。屋内还有浴室，地处傍山的郊外。

佐山在庭院里朝一栋别墅房张望，他觉得有点暗，但还是立刻预订下来，然后回到旅馆主楼自己的房间。

他想轻轻松松地闲待两天，所以一本书也没带来。可枯坐两小时后，他又感到无聊了。

他自言自语："奇怪！怎么会这样呢？"

忽然间，佐山发现自己的思路与想象的源泉都已枯竭，觉得自己煞是可怜。

究竟是什么东西蒙骗了自己，竟如此忙碌地打发日子？

佐山在制片厂的工作并不多，虽然才四十出头，但作为剧作家，他已经退居二线，无须每天都去上班。他可以将乏味的小说改编之类的事推给晚辈们去干，自己与多年来情投意合的导演们合作，写些喜欢的东西。说起来，这也多亏他长年来劳苦功高，个人的地位比较稳固。

然而反过来一想，这也意味着自己已不是现役的剧作家了，他成了电影制片厂里多余的人。

虽然他熟知电影界人气变化之剧烈，然而事情一旦落到自己头上，仍然觉得狼狈不堪，一如女明星到了被派去演老太婆的年龄。近来，佐山觉得颇不自在。

佐山犹豫不决，究竟是重新当电影剧作家呢，还是辞去制片厂的工作，去干老本行，从事戏剧创作？

一家大剧院委托佐山为明年二月的演出写个剧本。他已经多年没写戏剧剧本了，或许这正是个可以改变职业的机会。他很想在温泉旅馆里静静地构思一下。

可让佐山为难的是，脑海中时隐时现的尽是自己以往创作的电影场面，而如今早已不知去向的几位女演员的形象，就像往日的幽灵一样浮现出来。

他试着把那些场面连成戏剧，却还是电影剧情的老一套，完全不见自己的特色，因而更加悔恨自己蹉跎了青春年华。

不过，佐山摈弃了电影剧作家的思绪之后，又觉得无聊、空虚，简直不堪独自静坐。“还是得把老婆叫来吧。”他笑着，慢慢地刮去胡子。

时枝比佐山小十一岁，安分守己地待在这个小家庭中，把所有的希望都寄托在孩子身上，几乎忘记了自己还年轻。佐山认为那倒是天经地义的，而自己呢，因为职业需要，将来在某些方面还必须与下一代拼年龄，兴许迟早会受到老天的惩罚。

佐山想起了雪子的母亲民子。她虽然才三十二三岁，但已疲惫不堪，浑身上下的关节像散了架似的。

佐山是时隔十多年后才遇到自己的恋人的。当时，民子诚心实意地对他说：“您果然功成名就了，我也为您高兴啊！”

她开诚布公地冲佐山这么讲，所以他也无法否认。

民子还说：“我常去欣赏您的大作，还带着孩子一起去呢。”

佐山很意外，“大作”一词真让他羞得脸红。那些电影是他根据小说家的原作改编，再由导演演绎而成，有多少可属于编剧的“大作”呢？改编时要满足方方面面的要求，并非他个人的自由。民子把那说成是佐山一人的“大作”，听上去反而有点讥讽的意味。

不过，当时并不是佐山为电影剧作家鸣不平的场合。佐山便改变话题，向民子打听一些孩子的情况，那孩子就是如今要出嫁的雪子。

那还是六年前的事情。妻子时枝带孩子买东西回来，见一个女人紧贴在房门上，窥视家中的情况。

时枝想绕到厨房门去，可那女人一见时枝，就像偷腥的猫似的逃跑了，但还没跑到大马路上，就倒在一家人家的板壁上，就势蹲在了那儿。

时枝相当不悦地告诉佐山：“你呀，能不能出去瞧瞧？”

佐山觉得那或许是电影制片厂的女人，但跑出去一看，连个人影都不见。他问时枝那女人的模样。

“穿着并不奇特，像个病人。”

“病人……”

正说着，大门口传来女人的声音。

时枝看了佐山一眼，就出去照应。她跑回来时已变了脸色。

“嗐，那人是民子呀！”

“民子？”

佐山立刻站起身，时枝猛然出击：

“你，要去见她吗？”

时枝气势汹汹的模样让佐山有所退缩。

“嗯？怎么啦……”

“没出息！”时枝轻蔑地笑笑。佐山正要去门口时，时枝大声招呼两个孩子，从后门出去了。

佐山大惊，虽然觉得对不住时枝，但还是很生气。

一个背弃他的恋人突然上门，自己不计前嫌地出去相迎，说来还真是没有志气。这对现在的妻子来说，不啻是难以忍受的侮辱吧。

佐山寻思，她来干什么呢？可能是来要钱的吧，因而并未立刻燃起对以往恋人的旧情。

佐山心想，民子在大门口大概已经听到时枝刚才的吵嚷声了。他觉得有失体统，遂决定替妻子去撑撑门面。

他做出一副若无其事的样子，把民子领进了书房。

“夫人一定认为我是个厚脸皮的女人吧。”

民子一再重复这句话。

“要不是夫人在门口看到我，我今天也就回去了。近来，我到府上门前来过两三次，可总觉得没脸见人，就没好意思进来。”

民子自卑得可怜。她怀念佐山，并非嘴上说说，从其态度可以看出她是真诚的。

佐山听了很不自在，仿佛背叛对方又满不在乎找上门的，不是民子，而是自己。

他问民子生活得怎样，民子详细地叙说了。第一个丈夫患了结核病，他们一起回到丈夫的农村老家，她照料了丈夫四年，直到他撒手人寰。五年前，她拖带着唯一的女儿与现在的丈夫根岸再婚。她说话的语调像在向十分了解自己的亲人倾诉。

“活得很苦啊，这是老天对我的惩罚……那时，是我自己错失了幸福，我想，我命该如此吧。痛苦的时候想起佐山先生，更觉得悲伤。我真是太任性了。”

她的意思是，她是背弃了佐山才受到了老天的惩罚，若与佐山结婚，一定会很幸福的。

根岸是从朝鲜流浪回国的矿山工程师，他回到日本后，还是改不掉投机的习性，虽然幸运地在矿山找到了一份工作，但由于很快暴露投机的野心而被解雇。民子常常不知道他住在何处，于是去各处矿山追寻丈夫。偶尔在东京安定下来，他就让民子去酒馆之类的地方打工挣钱，积攒一些零用钱后，又会离家外出。

长年的劳累使民子的身体垮了，心脏病、肾脏病都很严重，以至于医生看了都很惊讶：她居然还能起床工作！刚才她被时枝发现后一跑，眼前发黑，就晕倒了。她经常会这样晕倒，心想，自己或许就会这样死去吧。

民子脸上没有血色，手足青黑，瘦骨嶙峋，头发稀疏。

她说，这次下决心要与根岸离婚，并提出向佐山借款五百元，打算开个咖啡馆，用以维系母女俩的生活。

五百元哪能开个像样的店？在如同流行病般蔓延的同类店家之中，这点钱能开成一家店吗？再说，恐怕身体如此糟糕的民子也受不了吧。

民子却说："有人在附近开了家不错的咖啡馆，因为要回老家，说如果我愿意经营下去，就可以低价转让给我。因是整体出让，所以明天就能营业。女儿也恨现在的父亲，期待着能开成这家店。"

"女儿多大了？"

"十三岁了。学校马上会放假，她可以在店里帮我。"

接着，民子兴奋地谈起咖啡馆的样子和地点。

佐山拒绝了，他说手头没有五百现金，设法筹措一下或许可以，但手边没有这笔闲钱。

在民子心目中，佐山是位“成功人士”，似乎并不相信他的话。然而一开口就碰壁，这使她领悟到自己不该来向佐山借钱。她说了声“真难为情”便崩溃地哭了，一副走投无路的模样。

他们俩没有肉体关系，她更没有强求佐山借给她钱的理由。

佐山又问她孩子的情况。他心想，民子的女儿身上至少会留有自己昔日恋人的面影吧。

“她像你吗？”

“不怎么像，大眼睛，人们都说她可爱，要是把她带来就好了。”

“是啊。”

“看了佐山先生改编的电影，我也时常向她念叨您的事，所以雪子也很了解您呢。”

佐山的表情有点苦涩。

时枝还没回家，但她是把孩子带出去的，佐山倒不担心。

民子哭述着眼下的痛苦和对往日的怀念，忽然万分感慨地说道：

“佐山先生，您可真厚道啊……”

佐山不明白她的意思。他揣摩民子或许当真打算与根岸离了，在自己的照顾下开家咖啡馆；也有可能她只是怀念他的人品才来找他的。

民子约莫待了两个小时才走。

时枝是在天色擦黑时回家的。看到佐山的模样，也就消除了不安，不再纠缠民子来访的事。但佐山还是告诉时枝，民子是来借钱的，还给她说了些民子的经历。

“不过，居然还好意思来借钱！你打算借给她吗？”

“没法子，没钱哪！刚才你上哪儿去了？

“带孩子上公园玩去了。”

三

在计划作为雪子新婚旅行的栖身处——热海的温泉旅馆，佐山又想起了雪子母亲的话：

“佐山先生，您可真厚道啊……”

这话听上去像在讥讽他，又像在诉说自己的男人运不佳。

帮着办理民子的葬礼和送雪子出嫁，无疑全都因为佐山的厚道，再加上时枝善解人意的慈悲。

民子来访后大约过了两个月，一天傍晚，佐山从制片厂回到家。

“今天民子又来过了。”时枝对他说，“还带着孩子……”

“怎么，还带着孩子？那孩子怎么样？”

“孩子蛮不错，挺可爱的，比她妈妈漂亮，如果是你的孩子那该多有意思呀。”

时枝如此平静地揶揄，令佐山稍感意外。

“那她们进屋了吗？”

“是啊，一直聊到刚才才回去，谈了许多。她也真够可怜的，遭遇怎么也说不完。”

看来时枝十分同情民子，丝毫不见反感，而且对自己同情民子也感到满意。

民子已经不再具备威胁佐山家庭和睦的力量，不过，时枝和民子两人能像女伴那样敞开心扉地交谈，这是佐山完全无法想象的。

此刻，时枝摆出比佐山更了解民子身世的神情说：

“她说她已经跟那个叫根岸的矿山工程师离婚了。”

“离了？开了咖啡馆吗？”

“好像没有。”

时枝说，她是个有责任心的人，连独生女的将来都打算好了。

打那以后，民子再没来过。半年后的一天，佐山在银座偶然遇见了民子。

民子仍然亲近地跟着佐山一路走去。

佐山告诉民子时枝夸奖她孩子时，她一下子露出明朗的微笑，说是一定要请佐山见见雪子，说着就自己找起了出租汽车。

佐山不愿马上就去，仿佛自己是被硬拖去她家似的。

民子说：“就她一人在家，完全不必介意。”

在麻布十号陋巷的家中，身穿水手服的雪子正在一张简陋的桌上学习。她应该是女子学校的学生吧。

民子叫雪子向佐山问好。她站起来，颇具少女风姿地向佐山鞠了一躬，然后低头不语。看来不用母亲介绍，雪子也知道他就是佐山。

“行了，你用功吧。”雪子笑嘻嘻地点点头，可依然坐在佐山面前。

民子家没什么家具，收拾得整整齐齐，反而显得有点寒碜。佐山思忖，不知是否有哪个男人照料，母女俩才搬进这陋巷居住。民子的身体看来也好些了。

“那时我真是年幼无知，什么也不懂。那时的一切仿佛都在梦中，可现在我渐渐明白了，总在心里表示歉意。没想到您会这样来看望我们。”

民子又谈起了过去的事。

女儿就在身旁，这令佐山有点尴尬。

民子看了雪子一眼，接着说：

“没事儿，这孩子都知道。她还问我：您受到佐山先生夫人的热情关照合适吗？”

真不知雪子是怎么听她母亲讲述她的初恋的。

“雪子是个无依无靠的孩子，万一我有个三长两短，能拜托您照料她吗？所以我才尽可能地给她介绍您的情况。”

民子的话使人感到纳闷儿。

佐山觉得这是民子对他的信赖，但又觉得民子或许是打算要自己帮忙开咖啡馆，这种猜忌使他感到民子的话里有要他爱雪子的意味。民子二度结婚，可能还另有男人，兴许曾当过小老婆。这种女人，为了给将来生活无着的女儿找一条活路，有这样的想法也不足为奇。

总而言之，佐山已是人到中年的男子，并不是单纯的耳根子软的小伙子。

佐山与多位女子的交往经历告诉他，没有肉体关系的男女之情不过是一种儿戏。

诚然，民子是这些女人中的第一个。

如民子自己所说，她和佐山订婚之时还只是个孩子，对爱情心醉神迷，却又草率地嫁给了另一个男人。年轻的佐山怎么也想不明白个中原委，最终认定那是因为自己没有占有民子的肉体。这件事虽然平常，但对当时的佐山而言，确实是很大的打击。

佐山视为美玉般珍爱的东西竟被别的男人用泥脚践踏了，他只能眼睁睁地看着这姑娘的肉体任人掠走。

民子跟那男人走后，佐山还去租住屋找过她，可民子端着架子说：

“我已经这副模样了，什么都完了！”

“你不是好好的吗？什么变化也没有啊。”

佐山确实是这样想的。民子却一下子站起身，嘁哩喀喳地打扫起房间，就像在赶佐山出门。

之后佐山深感后悔，当时应该强行把她带回家的。这并不是谁更爱民子、谁能使她幸福的问题，而是粗暴的人必得胜利！

民子背叛了佐山，可他并不责怪民子，反倒认为那是他自己的错误。佐山在学校与同学创办戏剧研究会、举办学生戏剧演出时，民子替代女演员来帮忙演出。在那段时间里，佐山提出与她结婚，民子也轻易地答应了。佐山一毕业就进了电影制片厂，比起戏剧，他对新兴的艺术电影怀有更大的理想和热情，且很想让它在自己的恋人民子身上开花结果。所以他让民子也进了电影制片厂。当时他是这样想的，倘若马上结婚，民子难得的演艺就无法长进，再说，自己年纪轻轻，实在不好意思满不在乎地托人为与自己订婚的女人谋利。他想至少等她演好了角色再考虑结婚，于是一直维持着快乐的梦幻般的婚约。没想到有个不名一文的电影新闻记者老是跑来制片厂，忽悠民子说要为她做宣传，把她拐跑了。

听说后来民子生下雪子，又回到乡下，在那男人死之前一直看护着他。

刚失去民子的时候，在电车上像民子那样十七八岁的姑娘身穿的和服触碰到佐山的手时，他就难受得想哭。

不在家的时候，佐山总觉得民子会回到他的住处，外出时也心神不宁。

而十多年后的今天，民子又出现在佐山面前。他已经完全没有兴趣再去玩味这个被过度使用的沉渣似的女人了。

若民子说的句句都是实话，她的确始终没忘记佐山，由衷地感到愧疚，还向雪子诉说与他交往的往事，那么，背叛爱情的又是谁呢?

民子失魂落魄，而佐山却如民子所说是“功成名就”，所以每逢民子悲伤、痛苦之时，她肯定会对佐山有这样的愿景：如果嫁给佐山，那该有多么幸福啊！她就是这样来慰藉自己的不幸的。

尽管民子也不是没有自己的打算，但迄今为止始终保持这份爱意的是民子。而佐山呢，对她这份尚不成熟的爱始终没有破灭感到不可思议。

曾经播撒的早已忘却的爱情种子，竟迂回曲折地结出了果实。佐山又该如何去收获这干瘪酸涩的果实呢？

佐山明白了，比这更重要的是，打乱民子的人生，使其备尝不幸的首先是自己。他爱过民子，又被她背弃，他悲痛过，又忘记了那一切。他并没有受到实质性的损害。

佐山匆匆离开了民子的家。

民子带着雪子出来送行。那是一条坡道，可雪子不跟他俩走在一起，独自走在另一侧的水沟边上。

“雪子！”民子招呼她，可雪子还是靠着水沟边走着。

四

——母民子辞世　雪子

次年四月，佐山接到这封电报。

“雪子……发报人是雪子啊！那孩子独自一人，会碰到各种困难的，你不去帮帮她吗？”时枝说。

不知什么缘故，佐山总觉得“雪子”这个词的发音，悲戚地沁入了自己的心田。

雪子在麻布的家，佐山只去过一次，此后母女俩就音信全无。雪子究竟是怀着一种什么样的心情，以自己的名字来通报母亲去世的消息呢？

“不知道哪天举行葬礼，在此之前，总得备些钱带去吧。”

“这种事情，你……”时枝刚露出“何必尽这份人情呢”的神情，马上又笑着掩饰说，“没法子，就算我们尽最后的义务吧。真是奇怪的灾难。”随后就帮佐山备好了丧服。

民子家里人多混杂，看上去像是邻居。不过谁也不知道佐山是何人。

“小雪，小雪！”佐山呼唤雪子。

雪子跑出来，精神饱满，不像刚失去母亲的样子。

她看到佐山时，显得十分吃惊，转而露出纯真的笑容，脸上稍稍泛起了红晕。

佐山心中涌起一股暖流，心想，还是来对了。

佐山默默地来到灵台前，雪子也随后跟来。

佐山点燃了香。

雪子坐在民子遗体的头部一侧，微微伏下身子叫道：“妈妈！”

她取下盖在民子脸上的白布。

比起民子的去世，雪子告知母亲佐山的来临，并让佐山看一眼民子的遗容，这更让佐山动心。

佐山望着民子那沉静蜡白的脸说：“多么安详啊！”

雪子点点头。

“我妈妈……”

“妈妈怎么了？”

“妈妈说要向佐山先生问好。”

雪子忽然双手捂着脸饮泣起来。

“所以你才给我发了电报？”

“是的。”

“谢谢你，及时地通知了我。”佐山把手搭在雪子的肩上说，“小雪，别哭了。你一哭，大家都难受啊。”

雪子听话地擦去眼泪，连连点头。

佐山用白布盖住民子的脸。

已经到了掌灯时分。

佐山不能回家，但老这样待下去也很尴尬。他打算退到角落里，先看看情形再说。雪子却忙活着，把坐垫、茶水、烟灰缸不停地送到他跟前。雪子尽力的照应令人怜爱，但是她只照顾佐山一人，眼里似乎没有其他来客。佐山想，雪子虽说只是位少女，可她那对自己过分明显的热情，别人又会怎么看待呢？于是，佐山将雪子叫到外面。

但雪子对自己的照应，完全是在悲伤心境下无意识进行的，所以难以对她说出不要只照料他一个人的话。

“来帮忙料理丧事的是哪些人……”

“我叫他们过来吧？”

“不必。守夜的夜宵准备好了吗？”

“不清楚。”

“要事先定好才行，这附近有寿司店吗？”

“有的。”

“一起去看看吧。”

沿着黑暗的坡道往下走的时候，佐山不由得悲从中来。

雪子还是沿着沟边走。

“走中间吧。”

听佐山这么一说，雪子才吃惊地紧靠过来。

“哟，樱花开了。”

“樱花？”

“是的，在那儿呢。”

雪子手指一户大院子的墙头。

佐山掏出钱，可雪子就像见到什么可怕的东西一样不肯接受。

“雪子身边一点钱也没有可不行，或许有时会派上用场。”

佐山往她怀里塞钱时，雪子身子一闪，钞票全散落在地上。

佐山要去捡钱，雪子清晰地说：“我来捡。”她刚刚蹲下，就放声大哭。

她捡起钱后，仍然边走边哭。

“回家后，就不要再哭了。”

两人一回来，邻居们就来找他商量有关丧事的事。似乎他们不在时，邻居们已说定要重视佐山或依靠佐山。

民子的老父亲从乡下来参加葬礼，他是个贫苦的农民，不谙世事，一味地退缩谦让。

邻居们都劝佐山先去休息，仿佛他在场旁人就会感到不自在似的。

“小雪近来太累了，今天晚上去休息吧。今夜不睡好，明天会顶不住的。快去吧，隔壁二楼已铺好了睡铺，领你叔叔去吧！”

雪子站在佐山身旁等待，于是他和她朝隔壁的二楼走去。

六铺席大的房间里设了三个铺位，一端的铺位上已躺着一个女人，佐山就睡在壁龛边的铺位上。

雪子在中间的铺位上睡不着，不时发出声响。

“睡不着吗？”

佐山问道，谁知雪子又抽泣起来。

佐山从远处伸出手搂住雪子的脖子，雪子抓住佐山的手，贴在脸上。她的热泪濡湿了佐山的手掌，他怀疑这是民子在传达自己悲伤的爱情。

“你睡不着吗?”

“嗯。”

“太哀伤了吧?”

雪子摇着头说:“这被子有股难闻的气味,不舒服。”

“嗯?”

佐山凑过去一闻,原来是男人强烈的体臭味。

佐山突然感到雪子已经是个女人了。

“我跟你换换吧,这可能是哪个男人用过的被子。”

次日早晨,雪子在火葬场用佐山给的钱支付了费用。

五

雪子成婚这天,她还是为全家准备好了早饭。

“小雪,别再做了。”

时枝说完,又去呵斥孩子。佐山被时枝的声音搅醒,起身一看,见雪子正在给两个上学的孩子装饭盒。

时枝又去抱怨女佣。

“行了,婶婶,这是最后一次了,您就让我干吧!”说罢,她把饭盒交给孩子们,“给!”雪子一手牵着一个孩子出去了。

时枝目送着她们，笑着对佐山说："还记得吗？'这是最后的义务'。"

"是啊，让雪子出嫁，正是我们尽的最后的义务。"

"这可不好说……说不定今后还有许多事呢。"

收养雪子，与其说是佐山的主意，不如说是出于时枝的同情。

民子的葬礼结束后不久，佐山给雪子去过一封信。可是那封信被退了回来，签条上写着"收信人迁居，地址不明"。

有一天，时枝去百货商店，碰到在餐厅当服务员的雪子，回家后对佐山说："她对我那股亲热劲儿可不同寻常呀。太可怜了，她从女子学校辍学了，说是住在百货公司的宿舍里……要是你在场，准会说就住到咱家来吧！"

于是，雪子就成了佐山家的人。

夫妻俩让雪子到女子学校继续上学，不过，雪子也帮家里干了许多活儿，照料孩子、下厨做饭，什么都干。时枝对雪子极其满意，早就忘记了她是丈夫从前恋人的女儿。

考虑到雪子将来的婚姻，为她的今后着想，时枝让雪子入了佐山家的户籍，将她收为养女。

一个与电影制片厂有关系并以说媒为副业的西服裁缝见到雪子后就来提亲，时枝听后颇感兴趣。

“小雪这孩子忠厚老实，可有时也会发呆，现在该考虑让她嫁人了。我们也不能把别人的闺女老圈在家里呀。”

对象叫若杉，三年前大学毕业后当了银行职员，家里人不多，对雪子而言是一桩相当不错的亲事。

雪子回应说，一切听从佐山夫妇的安排。

举办婚礼的那天早晨，在庆贺雪子出嫁的家宴上，雪子寒暄了几句，时枝接着说：

“小雪，你不舒心的话就回家来。”

雪子忽然呜呜地哭了，双手颤抖地跑出了房间。

“哪有像你说这等傻话的！”

“要是自己的亲生女儿，我就不说了。”时枝顶撞佐山，“我不说那句话，她就太可怜了！”

“话是那么说，可……”

“行啦，不管谁家的新娘，出嫁时总会哭上一场……我觉得她这一哭，就真正成了咱家的闺女。”

在饭田桥大神宫的婚礼现场，新郎若杉一方并排坐着十四位亲戚，而新娘雪子这边只有佐山夫妇两人，略有些昏暗的宽阔的会场显得冷冷清清的。

婚宴上，除了佐山的两对夫妇朋友外，还邀请了雪子在女校就读期间的十位同学，这些身穿长袖和服、盛装打扮的少女给婚礼增添了不少色彩。

佐山在新娘双亲座位上就座。“多漂亮的新娘啊！端庄得体……”

“那是。换装时，我还让她垫了胸。”

“垫胸？用啥垫的？”

“你给我闭嘴吧。”时枝责备道。

但佐山苦闷地想起民子的往事，实在难以保持沉默。他扭头望望窗边，心想，民子的幽灵会不会来探望女儿的新娘模样呢？

“真叫人惊讶，婚宴上的佳肴雪子全吃了！”

“是啊，我关照她要吃的。如今的新娘大都会吃的，过分挑食反而不好。”

“是吗……她好像有点不如意啊。”佐山喃喃自语。

他们没有送新人去新婚旅行。时枝说要到车站，佐山制止说：“不该由新娘父母送。”

婚宴后，佐山夫妇在回家的车中显得异常寂寞。

佐山低头沉默了一阵，心不在焉地说：

“是个颇有气派的正宗婚礼啊！”

“是啊，这样，我们也算尽到了对民子的情分……”

“别说傻话！”

“我说，你大概很喜欢小雪吧？”

“喜欢。”佐山平静地回答。

“其实你不必顾忌我，等不及把她嫁出去……让她在家再待上三四年就好啦，我们就不会这么寂寞。”时枝也平静作答。

“说什么‘把她嫁出去’，太残酷了！”

“真可怜……要是婚前让他们再交往一段时间，对若杉再熟悉一些，我们也就不会有现在的感觉了，可是……”

“也许是吧。”

“我们的孩子，我可不会等不及让她出嫁，让她先谈恋爱，肯定先谈恋爱！”

佐山的大孩子也是个女孩。

第三天，新婚夫妇旅行回来，要去媒人家登门道谢。佐山到若杉和雪子的新居时，竟意外地看到根岸坐在那里对着雪子怒吼。

根岸还抱怨佐山，事先不打招呼就让雪子出嫁，简直岂有此理！根岸曾是雪子的继父，可雪子没入他的户籍，再说后来民子离了婚，所以他这是在无理取闹。

根岸也挤进汽车，说是要一起去若杉父母和媒人家。佐山想打发他回家，便在一栋大楼前停下车。在地下室交涉时，雪子下了车。原以为她一会儿就会回来，可怎么等都不见她返回。

佐山认为雪子会回娘家躲避，遂让若杉先回去了。可是，那晚雪子并未回到佐山家。

雪子会不会因为害怕新家庭遭到根岸威胁而失踪，抑或自杀？

佐山给雪子最要好的女校同学打了电话。

“是的，婚前她给我写了封长信，不过有点儿……”

“有点儿？信里写了些什么？”

“有点儿……可以对您说吗？”

“说吧！”

“我不是很清楚，不过，雪子是否另有所爱啊？”

“嗯？另有所爱？是情人吗？”

“我……说不清，可她在信中写了些奇怪的话：‘妈妈说过，初恋的情感是不会因结婚或其他经历被遗忘的。’‘我是奉命嫁人的。’”

“是吗？”

佐山闭上了眼睛，手里依然握着听筒。

次日，因有要事处理，佐山到电影制片厂上班。他看到雪子一大早就来到厂里，无精打采地等着自己。

佐山马上叫了辆车让雪子坐上去。

说是自己愚蠢也罢，疏忽也罢，如今已无法再提了。佐山说：“根岸这种人也没有什么好怕的。”

“是的，那种人算不了什么。”

“除此之外，你还有什么委屈吗？时枝说过，不舒心的话就回家来……”

雪子凝视着车窗前方，缓缓地说：“那时，我觉得您夫人是最幸福的人啊！”

这既是雪子唯一一次对爱的表白，也是她唯一一次对佐山的抗议。

这时，佐山也闹不清是否该用车把雪子送回若杉家。

那从民子延续到雪子身上的爱的电光，在心中不断地闪现着。

（一九四〇年）

女人的梦

一

久原健一三十六岁，突然结了婚。

他本人并不标榜独身主义，是正儿八经地通过介绍人谈成这桩婚事的。因此根本谈不上什么“突然”，但是，至少对他的朋友而言，这是件出乎意料的事，也有可能是因为他的对象太好了。

其中居然有朋友后悔自己结婚太早了。“这家伙真是老谋深算啊。”大伙儿不由得对久原刮目相看，并互相传话，说他可以用妻子的陪嫁钱开业了。大家认为，同样是开业，久原是一开始就会拥有一家大医院的角色。甚至还有人说：“那家伙是想当母校的教授呢！”总之，这一婚姻使久原一下子变得引人注目，真是奇妙。

久原从齿科医大毕业后当上了综合医科大学的助教，一边镶金牙一边去临床学习，当然也是为了取得学位。不过，他较早地通过了论文之后一直留在研究室，忘记了牙科的临床和开业，外人看上去他好像要变成一位病理学者。

与他总是不结婚联系起来，一般人都认为他变得古怪了。牙科的一些老朋友觉得他难以交往，老装出一副学者的派头，因而多少对他敬而远之。

通过这一次的结婚，久原莫名其妙地变得受欢迎，这点连他自己也感到意外。老朋友来造访，那说话的口气也好像不同以往，偕妻子治子外出散步时，人们回头张望，仿佛久原是一位相当了不起的人物。

久原思忖：真不知结婚的效果今后会有形无形地达到何种程度，这大概不光是因为治子的美貌，更重要的是她生来就有福分吧！我可不要以自己的非德去损害她的德行。

尽管如此，像治子这样的小姐竟然会在这之前被挑剩，着实令久原的朋友们感到不可思议。她看上去只有二十三四岁，可实际上已经二十七岁了。

“当今这世上确有没被发现的宝藏啊！真想去觅觅宝哪。”

对于这些因羡慕而夹带讥讽的话，久原听了只是付之一笑，一副坐等福来的神气。至于治子延误婚期的原因，他谁也没有告诉。

不过，这时候久原不禁想到介绍人奇怪的讲法。

“后来在不知情的情况下，小姐偶尔也被迫去相过几次亲，对方没有一个不热切期待的。”

但是，治子不结婚的原因根深蒂固。当她的父母明白暗算式的相亲不起作用的时候，终于放弃了，在三四年中，他们一直避免向女儿谈及相亲的事。

然而，介绍人说，久原你就不同了。

他们的安排是装作在剧院偶然相遇，由母亲向治子介绍久原，说他是自己在大学医院承蒙照顾过的医生，这与治子以前的几次相亲情况相同，可是治子并不像四五年前那样全然不予接受。

父母亲高兴得好似挨到了黎明。

不过，治子说，她想跟久原说说那件事。

也就是，有一位青年因治子而失恋去世了。

“真是孩子们的自杀游戏，而且那不过是场单相思。”介绍人尽量把它说成一个轻松的笑话。

不管怎么说，就因为这种事，像治子这样完美的姑娘几乎白白浪费了整个青春，这使久原吃惊不已。

当然，久原的回答也是那样：“要是那么纯情的青年，岂不更好。”——同样回答的相亲对象以前也有几位吧。

“就是。感谢您能这么理解……”说着，介绍人低下了头。

“这事要是在从前哪，小姐明明没错，大概也要进尼姑庵的。”

总之，久原想直接从治子的嘴里打听一下那位青年的事。他并不打算要干什么，他心里早已同意了这门亲事，而且到了他这个年龄，什么也不问就结婚才算有男子汉的气概，但让那位出色的小姐坦白过去的事，倒也是一种快乐。

二

治子家中允许孩子结婚之前自由交际。她已是二十七岁的姑娘，如果能自己主动找到结婚对象，毋宁说是件可喜的好事。

再说，倘若错过与久原的相亲，治子真的将变成老姑娘，这种不安使父母变得小心翼翼。

可是久原一开始就被治子身上所具有的气质折服，最终错过了打听那位青年情况的机会。

“治子延误婚期的原因，介绍人大体上给我说了……”

久原提起此事，治子点了点头。

她好像等待了很久提起这档事的时机。她的眼神很认真，眼睑一下子红了。

接着，她的表情看上去突然又变得幼稚，久原的话便卡住了。

“不过，你我之间的事你是否觉得可以谈下去？”

说了一句不高明的话。

“我也不知道。也许因为你是医生吧。”

“因为是医生？”

对于治子的孩子气的回答，久原大感泄气，甚至觉得她这是在作弄人。

“有道理，医生大概是不错。从医生的角度看，治子过去害怕结婚只是一种精神的病态，它很轻，容易治好。”

久原脱口而出。

可治子并不把久原的话当作讽刺，仿佛沉浸在自己的思绪中。

久原感到有点可怕，他怀疑，弄不好治子会不会有略带偏执和白痴的一面。

不过，久原也清楚了，如果治子因此而导致迄今为止的多次相亲都黄掉，那么她的心中一定留有相当深的伤痕。

他必须更坦诚地安慰治子，就像疙瘩自然解开那样去寻找让她说出那位青年情况的契机。

久原反复表示，自己对治子的过去毫不介意，想等到将它拭净之后再结婚。沉重的包袱，若是两个人分担就轻了，堵塞在心中的病原菌，将它吐掉、泻掉或洗涤干净就行。

“是的。”治子点头。

“我是想和盘托出的，请您允许我以后再谈。”

“我并不是以后重新考虑的意思，我只想治子小姐说出后能变得痛快……”

“嗯，不过……”

治子又用她那认真的目光锐利地打量久原，紧接着，她红着脸低下头说：

“我很任性，不过还是请久原先生先讲。”

“先讲？我？”

治子点点头，她的肩部在微微颤抖。

久原好像突然被绊了一下似的发了慌。

“我说什么呀？”

“咦！”

治子看上去更惊奇。

“我想，必须要求得到原谅的大概只有我，不过，要是您什么也不肯说的话，我会感到不安的。”

“我可没有什么要说的。”

虽然久原这么说，治子却仍是一副不相信的样子。

不仅仅如此，这句话连久原自己听来也很无力，真是奇妙。

“真的没有。”

越这么说越显得奇怪。

“久原先生如此逃避，那么我也不便讲出来了，真叫人为难。”

治子仿佛一下子关闭了她的心扉。

“我觉得好像只有自己一人遇到悲哀一样。”

这天，她没能说出原委便告辞了。

细想起来，治子的抗议是有道理的。

一位没有什么大缺点的男士到三十六岁还是独身，其间不可能没有一两次与女性的交往。治子只是按她的常识判断，而且，兴许也发挥了一点超过常识的想象。治子大概是这样想的，久原知道有位青年为治子自杀，现在又要和治子结婚，那么他也会有到三十六岁尚不成婚的深深的创痛，真可谓彼此彼此。

治子是打算带着一种同病相怜、互慰的心情完婚的吧。

不管怎么说，只想探听治子一方的告白显然是一厢情愿的，不公平的。

因此，当治子让男方先讲的时候，让人有攻其不备的感觉。

久原并非少年一般的纯洁之身。但是，倘若结婚，迄今为止，交往的女人中没有一位使他感到恋恋不舍或心中有愧。

久原并不是一位天生讨厌女性的人，也没有长期害怕女性，或许只能说这是一种不可思议和缺少桃花运！

不过，到了理所当然婚娶的年龄总不谈对象，不知不觉中这就成了久原的性格特点，姑娘们也避开他，他成为只属于研究室的人，恐怕就是这个原因吧。

正因为他是这么个情况，所以与治子的结婚就使朋友们大感意外了。

久原自己倒不觉得怎么寂寞，如今看来，不能说没桃花运，因为最后竟然福星高照，娶到治子。可是治子的突然袭击，使久原也觉得应该重新回首过去。

久原觉得，值得向治子坦白的东西一点儿也没有，此刻自己是高兴的、自豪的，因而没有直率地把这种幸福感告诉治子，若不算不道德，那该算什么呢？还是不够诚实吧。

也就是说，在自己平时的生活中是否还有不够真诚的地方？

如此一番反省，他便觉得治子不相信自己倒是理所当然的了。他动心了，感到自己有点好笑。

倘若在自己坦白之前治子不说什么的话，那么就煞有介事地给她说一段虚构的恋爱故事，不知行不行。

三

托治子的福，久原从竹马之交到医院里的女患者、护士，对所有他认识的女性左思右想、逐一搜索，沉溺在恋爱的空想之中。

这可真是无聊的游戏。再说，把结婚对象治子放在一旁，这种空想就显得更加呆板，毫无真实感。

他到底还是无法以一个庸俗的杜撰故事套出治子的自白。

不过，一打听到为治子自杀身亡的青年的情况，倒觉得简单得太不尽兴。

那位青年与治子是相差两岁的堂兄妹，小时候两家靠得近，可是堂兄的父亲是地方长官，他离开东京以后一直有书信来往。寒暑假中，他们在滑雪场和海水浴场过得很愉快。到了中学高年级，堂兄的来信变成了带有伤感的情书。考进东京的旧制高等学校后，堂兄住在治子家每天去上学，也终于向治子求爱了。治子明确地拒绝，说堂兄妹间不能结婚。这一年的冬天，堂兄单独去滑雪，在暴风雪时硬外出滑雪，结果掉进了山沟。虽然马上获救，但当时受到的冲击成为病因，他患上了肋膜病，进了疗养所。他是在疗养所自杀的，还留下了一封长长的致治子的遗书。其中一部分在报上发表了。要是死在医院里还好一些，可他是在海边投海自杀的，医院为了开脱应负的责任，连遗书也拿给新闻记者看，公开了他失恋自杀的情节。

“那是治子多大岁数时的事啊？”

久原一时不知说什么才好，过了一阵才问。

这情节实在过于平凡，以至于久原怀疑是编造的，他觉得与之相似的新闻报道曾经看到过好几次。

不过，不论什么恋爱，光听情节，终究都是平凡的。

对于到这种年龄还不让治子这样的小姐结婚的原因，想必它必是异常的悲剧，这只能是久原的一种病态的妄想。

要打击一位姑娘的心，有平凡的情节就足够了。

与一时间猛烈燃烧的恋火不同，这对堂兄妹间重叠着多年来美好的回忆。

“治子小姐是爱着他的吧？”

久原问道。治子老实地点头承认：

“是啊，后来想起来……不过，那都是些孩提时代的事。”

“堂兄妹间发生不幸的事，家长之间也尴尬吧！”

久原佯装不知地说，治子却很认真地回答：

“叔叔和婶子都不会责怪我的。”

“因此，你就要去尽那多余的情义啰？”

“情义？是啊，这能算作情义吗？”

但是，治子真正的自白并未到此告终。

堂兄自杀是在治子十九岁的时候，两年后她又有过一次相亲，这一回治子也很主动，基本谈成后，对方得知了堂兄自杀的事，亲事一下子就黄掉了。

这一次结亲的失败，比起堂兄之死对治子的打击更大。

那时的治子深深感到，自己已成了一名无法结婚的姑娘，这大概是因为她曾经爱过一位名叫片桐的相亲对象吧。

或许治子最初爱上的并不是堂兄，而是片桐。现在想来，也许正因为当初爱过片桐，她才会觉得也爱过堂兄。

接下来的亲事又因为堂兄的死而破裂，治子一定感到害怕，不过，她也有等待片桐的心思。

片桐家正式回绝后不久，治子和片桐幽会过一次。片桐与治子约定说服父母与她结婚。

治子并不打算对久原隐瞒片桐的事，只要久原问起，她或许就会和盘托出。

但是，久原只问了堂兄的事，而且摆出一副已经听过治子的自白的样子，因此，治子也就不再吱声了。

再说治子也难以提到片桐的事，就在与久原谈恋爱的时候，她得知片桐早就和别的女人结婚了，治子感受到了屈辱。

四

与久原结婚后的第二天夜晚，治子在新婚旅行的旅馆里，梦见了死去的堂兄。

闹不清是在堂兄农村的老家，还是在治子的娘家，治子走进屋，面向桌子的堂兄蓦然间回过头来，治子也就此站定，缓过神来才发现她几乎是一丝不挂的。治子因自己的喊声而惊醒。

由于难以言表的羞涩，治子红了脸。

她感到特别寒冷，抓住了久原的袖子，一想到堂兄已经死去，便惊恐万分地喃喃自语："请原谅我……"

随后，她浑身颤抖地靠向丈夫。

这天夜里她觉得自己结了婚，终究是对不住堂兄的，以后再想，发现这个梦似乎极不贞洁。

然而，堂兄和片桐都从梦境中淡化，犹如远处的影子一样消失了。晚婚开出的花朵特别硕大，治子也把青春的积蓄毫不吝啬地给了久原。

“对于我们这种在真正找到对象之前善于忍耐等待的人来说，老天是会眷顾的。”

久原这么一说，治子便将回忆过去的事彻底忘却了。

而且，治子所具备的品德被充分地表现出来，这个新家庭看来是会福星高照的。

有一天，久原若无其事地说：

“你不觉得堂兄的那份遗书中有些怪怪的地方吗？”

“是呀，经你这么一说，也许是有怪的地方。”

现在，治子回答得很轻松。

“理应有的。其实，在你堂兄所住的那家疗养所里，我一位朋友的朋友也在。我请他做了调查，据说你堂兄患了严重的神经衰弱症。那是一种一只脚已踩入神经病领域的症状，听病名也知道，他好像并不是因为失恋才自杀的。主要是因为对肺病悲观，加上神经出了毛病，就是这种感觉，并不是治子的责任！”

“真的？你是什么时候调查的？”

“早就调查了。”

“那你该早点告诉我才对，真坏！”

治子开心地仰视着丈夫。这时，掠过她脑中的想法是，倘若更早一些知道这一情况，或许就可以和片桐结婚了。

治子自己对这一念头感到吃惊，用悲哀的笑容掩饰过去。而久原却得意地说：

“可我们之所以能结婚，还多亏了堂兄的神经病呀！”

“是吧。”

“治子为此认真地烦恼过，太辛苦啦，对此我也很尊重……”

从这时候起，每当治子想再次竭力地、美好地回想起去世的堂兄，夏日的大海与冬季的雪山便展现在眼前。

然而，治子心中可称为天赐之福的东西似乎也失去了。

（一九四〇年）

有关黑痣的信

我昨夜做了一个有关那颗黑痣的有趣的梦。

只要一写黑痣二字，你就会明白，因为它，你已经不知呵斥了几百次，就是那颗黑痣。

与其说它长在右肩，不如说在后颈部的位置更为准确。这一颗黑痣，如同你揶揄的那样："比黑豆还大，抚弄过度，即刻会发出芽来……"黑痣不仅够大，还十分罕见地肿胀着。

打小起，我一上床就习惯抚弄这颗黑痣。我第一次被你看到这一习惯时，有多么难为情啊。我居然哭了起来，让你吓了一跳。

"你瞧，你瞧，小夜子又……你再摸，它会变得很大的！"妈妈这样指责我。不过那是我十四五岁之前的事，后来它变成了我个人世界的习惯，这是一种被我忘却了的不自觉的习惯。

每每遭到质询，对于尚未成为你妻子、还是姑娘的我来说，有多不好意思啊，这一点男人是不会明白的。不光有羞涩，我还觉得这事会变得十分严重，对结婚都感到恐惧。

这是一种个人秘密荡然无存的感觉，是一种连自己都不了解的种种隐私都会被你看破的恐惧。如此一来，我的立锥之地也会随之丧失。

当你倒头香甜入睡后，寂寞的、放松的我一不留神就会把手伸向黑痣，有时竟会猛然一惊。

“无法安心地触摸黑痣……”我想在给妈妈的信中这样写，脸上却发起烧来。

“什么呀，难道还用对黑痣如此介意吗！”

你措辞强烈地对我说，我高兴地点点头。不过，至今我仍然希望你对我这寒碜的习惯施予更多的爱。

总不会有人盯着女人的后颈项看吧，所以我对黑痣倒不怎么介意。有一句新语说“残疾姑娘需紧闭房门”，而黑痣再大，总不至于到被当作残疾的地步吧。

可我又是怎么会养成抚弄黑痣的习惯呢？

而这一习惯为什么又会那样伤害我的感情呢？

“你看你，瞧瞧……”你数百次地指责我，总是恶狠狠地说，“你的左手有必要伸出去吗？”

“左手？”我听罢吃了一惊。

真是的。那时，我才首次发现抚弄黑痣的总是左手。

“哟？”

“右肩上的黑痣用右手摸才对呀。”

“是吗？”我老实地伸出右手再去摸黑痣，“真奇怪。”

"一点不奇怪！"

"不过，还是用左手比较自然。"

"用右手不是更近吗？"

"近是近，可是反手啊。"

"反手？"

"是啊，也就是手是从颈前绕还是往后伸的问题。"

说到这儿，我已经不能轻易服输了。嘴上那样回答，心里却忽然意识到，用左手从身后绕到右肩可形成对你的防卫架势，变成一种自我保护的姿态。

是吗，真是对不起。我被打动了，温和地说："不过，用左手为什么就不行呢？"

"用左手也好，右手也罢，都不是好习惯。"

"是的。"

"我不是多次对你说过，黑痣嘛，可到医生那儿去弄掉。"

"讨厌！多难为情啊。"

"听说去除黑痣很简单。"

"会有人去医院除黑痣吗？"

"多的是呢。"

"真的？那准是脸部的黑痣，像我这样长的部位就没人去除了，会被医生笑话的吧。想去除掉的人一定是被老公说了什么。"

“你只要对医生说自己有抚摸黑痣的习惯不就得了。”

“行了……”我断了此念，“反正长在看不见的地方，有颗黑痣，你就多包涵吧！”

“有颗黑痣倒没啥，我是希望你别老去摸它。”

“我不想去摸的。”

“你就是犟，不管人家怎么说，就是不想改掉老习惯。”

“我想改的。为了不去摸它，我还特地穿硬领衬衫睡觉呢。”

“那又不会持久。”

“话又说回来，抚摸黑痣就那么要不得吗……”我有点不买账了。

“我也没说这有多么不好，只是觉得讨厌，所以叫你改掉。”

“你又为什么那么讨厌呢？”

“说不上什么理由，只是觉得没有必要，这是坏习惯，还是改掉为好。”

“我没说不改啊。”

“你抚摸黑痣的时候，总是一副呆呆的奇妙的神情，看上去怪可悲的。”

“可悲？”

或许真是那样。我打心眼儿里表示认可。

“要是下次我再摸，请你抽我的手或脸吧。”

“嗯。说起来就这么个习惯，你居然花上两三年还改不了，不觉得可悲可叹吗？”

我沉默了，细细品味你所说的“可悲可叹”的意味。

将手臂从胸前绕到后颈项去抚弄黑痣的样子，怎么说也是可怜、寂清的，连孤独这样上品的词都难用上，那是一种更为难看的、小家子气的模样，让人看上去有种固守卑小的自我、令人讨嫌的女人的感觉。诚如你所说，那就是一副呆呆的奇妙的神情。

恰似一个赫然张开的洞口，这习惯成了我始终无法真正地融入你的证明吧。少女时代的毛病，一不留神就去摸黑痣的忘情的时刻，我的真实心情是否会写在脸上呢？

正因为对我不满，所以你才会对女人这一小小的坏习惯吹毛求疵吧。若是对我满意，你一定会笑容满面地视而不见吧。

这真是太可怕了，当忽然想到是否会有喜欢我这习惯的男人时，我不禁不寒而栗。

我至今还深信不疑，你最初发现我这一癖好是出于你对我的爱，然而随着这坏习惯的加剧，我们夫妻之间把这点区区小事演变成了一种根深蒂固的心术不正。夫妻之间原本不该在乎对方的习惯，不过把握不当的话，夫妇间或许会落到南辕北辙的境地。我绝不会说凡事十分融洽的夫妇一定互相恩爱，而总是争执不断的夫妻则会互相憎恨。事实上，我想，倘若丈夫对我抚摸黑痣的习惯能够宽大容忍，那结局一定是不错的。

你开始对我拳打脚踢了，我无意识间抚摸黑痣，你有必要那么做吗？你为什么非要对我那么厉害？我痛哭了，尽管这只是表面，而你用颤抖的声音发出“究竟怎样做才能让你改掉”时的心情，我十分理解，所以并不怨恨你。要是我把这事告诉别人，那人肯定会说你是个粗暴的丈夫。可不管本来多么无聊的小事，在充满焦虑、走投无路的夫妇之间就会变成暴力，所以我双手合掌拜托说：“反正改不了了，请把我的手绑起来吧。”随后我把双手伸到你的胸前，摆出一副把自己的一切都献给你的姿态。

你眼神有点泄气、腼腆，解下我的衣带，绑上了我的双手。

你看着我用被绑的双手理一下凌乱的头发，你的眼神令我感到喜悦，好像长年的坏习惯真的会就此消失了似的。

然而，那时候倘若有人过来稍稍触摸一下我的黑痣就难说了。

即便采取了那样的方法却仍然没能改掉，连你也感到厌弃了，认输了，于是打算随我去了。我再抚摸黑痣时，你视而不见，一句话也不说了。

这真是个奇妙的现象。又打又骂也改不掉的习惯竟然不知不觉中消失了，完全没有勉强去做，而是自然而然地改正了。

“近来我好像不再去抚摸黑痣了吧？”

我想起这档事，对丈夫说。

“嗯。”你并不感兴趣。

我真想抱怨，既然你是如此地无所谓，那过去为何要那么严厉地呵斥我？而且反过来说，你既然那么容易放弃坚持的主张，那又为什么不早点儿说今后不再管你了呢？然而，你还是不来理睬我。

你的表情告诉我：这癖好无害无益，随你怎么办，喜欢的话尽情摸上一整天都成。我很失望，又想意气用事地故意在你面前摸给你看，但奇怪的是我的手怎么也不肯朝黑痣的方向移动。

我变得孤寂而又窝心。

我又想不如背着你去抚摸黑痣，可又感到这是自欺欺人，可悲可叹，手还是不能移向黑痣。

我一直低着头，紧咬嘴唇。

我始终期待着你问：“你打算把黑痣怎么办？”然而，打那以后，有关黑痣这个词就再也没在我俩之间出现。

或许，还有许多东西也随同黑痣一起离我们而去了吧。

为什么在你训斥我的期间，我改不掉这个坏习惯呢？我真是个没用的女人。

这次回老家，不经意地和母亲一起去浴室洗澡。母亲说："小夜子的身子也变得难看了，真是岁月不饶人哪。"

我听了一惊，看着母亲。我的身子与过去相比并无变化，胖乎乎的，白皙得富有光泽。

"黑痣也变得不可爱了。"

我没有告诉母亲，自己为这颗黑痣有多烦心，却说："黑痣嘛，据说医生轻而易举地就可把它弄掉。"

"是吗？医生说的？除不净的噢！"母亲从容不迫地说，"我们家的人会大笑着说，小夜子即便出嫁，也还是会抚弄黑痣的吧。"

"是的。"

"我也这么认为。"

"坏习惯啊，那是从何时开始的？"

"这个嘛，黑痣究竟是什么时候长出来的呢？婴儿时好像并未发现。"

"我家的孩子都没有啊。"

"是吗？反正是有些岁数了才长出来的，它不会变小，可长到这么大倒也特别。兴许你很小的时候就有了。"母亲望着我肩头笑道。

这时我想到我的孩提时代，黑痣在娇嫩的肌肤上还是可爱的小黑点，母亲和姐姐们恐怕不时会用手指点点戳戳的吧，或许就在那时，自己也养成了抚摸它的习惯。

躺在床铺上，我一边抚弄黑痣，一边回想自己的孩提和姑娘时代。

已经很久不曾抚摸这颗黑痣了，到底间隔了几年？

在我的娘家，你不在跟前时，我不必介意任何人，可以随心所欲地抚摸吧。

然而，此刻还是不行。

我的手指一碰到黑痣，冰凉的泪水就夺眶而出。

我打算独自追怀自己从前的往事，可一旦抚摸到这颗黑痣，浮现在脑海里的竟然全是你的事。

连我自身也不曾想到过，一个被你骂成坏妻子、几近离婚边缘的女人会躺在娘家的床上，一边抚弄自己的黑痣一边急切难受地思念你。

我把被眼泪濡湿的枕头翻个个儿，我在梦中见到了那颗黑痣。

好像在某处的房间里，我从梦中醒来，搞不清楚的是，除了我和你之外，似乎还有一个女人。我要了酒，喝得酩酊大醉，不停地向你诉说着什么。

就在这时，我那可悲的癖好再现了，同往常一样，我的左手从胸前绕到右肩颈根部，可是我的手指只是轻轻地捏住了黑痣，仿佛要理所当然地取走它一样，黑痣被毫不费劲地取走了。而手指间捏着的黑痣，居然恰似煮熟的黑豆皮。

我极端地撒起娇来，吵闹着要你把我的黑痣塞进你鼻子边那颗黑痣的口袋里。

我哭闹着，扯拉你的衣袖，倚靠在你的胸前，硬是要把自己指间捏着的黑痣揿到你的黑痣上。

睁开眼一看，枕巾湿了一大片，眼泪还在流淌。

我疲惫不堪，但好像卸下了包袱，一身轻松。

那颗黑痣果真消失了吗？一时间，我微笑着，但并没有伸出手去触摸它。

我要说的有关黑痣的故事到此结束了。

那种捏住黑豆皮似的黑痣的触觉至今残留在我的手指上。

我并不在意你鼻子边的小黑痣，从未挂在嘴边提起，却也始终留在心里不曾忘怀。

倘若我的大黑痣硬是塞了进去，你那颗小黑痣突然膨胀起来，那将会是个多么有趣的荒诞故事呀！

***

再则，如果你也做个像我一样的黑痣的梦，我该有多么喜悦啊。

梦见那颗黑痣的情况还有漏写的内容。

你把我在床上抚弄黑痣的癖好说成“看上去怪可悲的”，可我由衷地觉得你的话是一种爱情的信号，并为之感到庆幸。我感到可悲，我家的寒碜居然是通过自己触摸黑痣而充分表现出来的。

然而如同前面所说，我的这个癖好或许是母亲和姐姐们喜欢我才宠出来的，这对我而言是一种拯救。

“从前，我抚弄黑痣是否老挨你训斥？”我试着问母亲。

“这个嘛……并不那么久远吧。”

“妈妈为什么因此而训斥我呢？”

“为什么？难道不是不良习惯吗？”

“看到我抚弄黑痣……妈妈是一种什么样的心情？”

“怎么说呢，”母亲歪着头思忖，“不成体统吧。”

“说是那样说，可那究竟不成什么体统呢？难道我看上去就是个令人可怜的孩子？是个令人讨嫌的倔强的丫头……”

“行啦，谁会想那么多。不过我总想你若不去睡眼惺忪地抚弄黑痣该有多好。”

“还是叫你生气吧……”

“是啊，还是会有点怎么也想不明白的。”

“妈妈和姐姐们在我小时候是否也曾淘气地常去指戳那颗黑痣？”

“也许会吧。”

如此说来，我之所以会痴迷地抚弄黑痣，会不会是在思念小时候母亲和姐姐们对我的爱呢？

我是否是因为想念自己钟爱的人们才去抚弄自己的黑痣？

我想告诉你的就是这一点。

你对待我黑痣的所作所为，压根儿就是错误的。

我在你身旁触摸黑痣的时候，同时正在想念其他的某些人吧。

我现在不时会想到，那种令你嫌恶的奇妙的姿态是不是表现了我对你的无言的爱呢？

本来抚摸黑痣的习惯只是小之又小的事，事到如今也不必再多做辩解，但是，我作为坏妻子的种种行状，难道不是诚如这颗黑痣那样，从一开始就是出自对你的爱，结果却在你缺少眼力的呵斥声中变成了一个真正坏妻子的癖好了吗？

我在琢磨，这就是一个坏妻子任性的好心反成歹意的陈述，想请你好好听取。

（一九四〇年）

夜间的骰子

一

巡回演出中，于某个通商港口投宿之时，水田的房间与舞女们睡的房间中间只隔了一道纸槅门。

或许正在涨潮，耳中传来冲击海防大堤的浪涛声，还有踏着石板路缓慢行走的脚步声，大概是船员们回船了吧。

这些声响令人感到春季夜晚的恬静，然而从先前起，来自隔壁的动静便妨碍着水田的睡眠。

那是一种小玩意儿投在榻榻米上的声音——相隔同等的时间，单调地持续了个把小时。

被投下的小玩意儿，有的落地就静止了，有的则在榻榻米上稍稍翻滚一番。

水田心想，是什么东西呢？不用说，他很快就明白了，那是骰子。

是舞女们在做游戏，抑或是正在搞些小赌博？

然而，打刚才起就没了讲话声，还传来了睡眠香甜的呼吸声。

好像只有一个在玩骰子的舞女没睡，灯也亮着。

水田房间里的四五个男人全都进入了梦乡。

骰子的声响越发刺激着水田的神经，他忍受着，心想快要结束了吧。可居然没完没了。

那并不是骰子自身发出的，而是榻榻米发出的声响，叫人感到郁闷、讨厌。最后水田觉得自己那粗糙、荒芜的大脑中好像也被投进了骰子。

这声音老在耳边响着，叫人难以入眠。水田越来越焦躁，气得真想怒吼。

掷骰子的人总是以相同的间隔反反复复，不早也不晚。

水田起身，拉开纸槅门。

“是道子吗，怎么回事?”

道子俯卧在铺上。她回过头来，冲着水田嫣然一笑，可她一脸的睡意，并不搭理他。

她右手骨碌骨碌地转动着骰子。水田已经忘了骰子，现在一看才知道是这样的掷法。

水田觉得败兴。

“你在占卜什么?”

“占卜？什么也没占啊。”

“那你在干什么?”

“没干什么啊。”

水田走到道子的枕边。道子用双手捂住脸，肩胛稍稍耸起。

可是她马上用手指揉揉眼皮，把左脸颊的头发拢到耳朵上去。

这姑娘的耳朵皮很薄。

水田轻声说：“大家都睡了。”

“是的。”

“你为什么一直掷骰子啊？”

“不为什么呀。”

“可是……这不正常啊。”

道子抓住枕边的东西，不吭声地摊开手掌让水田看。

掌上有五颗骰子。

“哎——”水田吃惊地跪坐下来。

那是用同一种动物的骨头做成的骰子，用久了，都呈现出一种手垢色。

水田从她的掌上捡了一颗细看。

剩下的四颗骰子留在道子手上。她的手指细细长长，异常好看。

她在台上跳舞时，这手指优美地向后翘曲，那情景浮现在水田的脑海中。

“为什么用五颗呢？”

水田把骰子还给道子。

道子掷下一颗，是三点。

“好啦，别掷了，都两点了。”

“嗯。”道子一边点头，一边又掷下一颗，是一点。

“从刚才起，就是这声音搅得我睡不着。”

“哟，真对不起。我想弄到一万……”

“一万？”

“是的。可怎么也搞不到。”

是否把每次掷出的数字加起来要达到一万，所以才这样连续不断地投掷？即便每次都得到最大的数字六，那么投掷千次，不也只有六千吗？

水田惊得哑口无言。

“得到一万点，有什么好事吗？”

“与那不搭界的。”

“不搭界，那这么做不很愚蠢吗？”

“是啊。”

不过，道子又晃动起手中的骰子来。

“我不是叫你停下吗……”

道子抬头瞟了水田一眼，把额头搁在枕头上，一动不动。

“真无聊！”

水田撂下这句话，回到隔壁自己的床铺上。

然而，道子并未熄灯。不光如此，水田侧耳倾听其动静时，发现她好像在垫被上继续投掷骰子，虽然不再发出声响，可那情形恐怕八九不离十。

二

第二天早晨，水田对这伙艺人中年长些的女演员仙子谈起道子玩骰子的事。

“真是有点儿怪，我被她搞得觉也没睡好。”

仙子若无其事地说：“过去您不知道吗？道子的骰子是祖传的。她在后台也时常投掷。”

“是吗？”

“大伙儿都习以为常了，没人放在心上。”

“哼，带着五颗骰子出门，不正常！你说是祖传的，那又是怎么回事？”

仙子这样加以说明。

——道子的母亲是艺伎，这水田早就知道。据说现在好歹有了自己的店，还雇了一两位艺伎。不过她只是三流地区的艺伎，本身也不算多么优秀。

据说她母亲外出应酬时，总会在腰带里放上两三颗骰子，酒席间会投掷。

还有，解开腰带时，骰子会骨碌碌地掉落，那恐怕是故意的。稍稍勾起旁人的好奇心，然后自己捡起来，投掷给大家看。

最后也没有人受其消遣的诱惑。原本真是无意间玩玩的，但日积月累地坚持下来就不同寻常了。

听说这位艺伎竟成了掷骰子的名人，可以随心所欲地掷出想要的点数。到这种境界，绝非一朝一夕之功啊。她一有空就会投掷。

听完仙子的介绍，水田觉得人具有一种抓住要害、寻找奥秘的聪明或狡猾的特质，就像想在鞋底找出细小污点的人，其实只能使自己沦落为劣等艺伎。

然而，这仅仅是一种贪欲吗？

水田转念一想，又感到虽说充其量不过是掷掷骰子，但既然要被称作名人技艺，那其中会不会有超越贪欲的某种喜悦或者悲哀呢？

如若不然，怎么连她的女儿道子也会着魔似的迷上骰子呢？

“道子究竟是以一种什么样的心情在投掷骰子呢？”水田向仙子打听。

“这种事情，我怎么会知道？看样学样，久则自通呗。”

“道子掷得很不错吗？”

“不错的。”

“她参赌吗？”

“嗯。道子的骰子，外行人哪是对手！所以她就老那样独自一人投掷。”

“一个人投……”水田自言自语。

或许道子并不想让别人知道自己母亲的过去，可是，她毫无顾忌地投掷令人会想起其母的骰子，又是出于何种打算呢？

不过，仙子似乎对道子的骰子并不怎么感兴趣。

水田去了洗手间。

有一位先行离去的姑娘在换拖鞋时蹲在那儿，把水田刚才脱在走廊上的拖鞋掉转方向摆好。看其背影竟是道子。

水田心想，真是位心细如发的女孩啊。

在小河入海口的海边石崖上，坐着四五位舞女。

“啊，真暖和。想吃冰激凌啊。”一个姑娘的话音传到二楼水田的耳中。

距樱花季为时尚早，但樱花盛开时那天空淡云密布、天空和大海都朦朦胧胧的景象呈现在眼前，白色的海鸟在薄雾中飞翔。

水田朝姑娘们所在的地方走去。

他一声不吭地来到道子跟前，伸出一只手。

道子像明白一切似的，从口袋里掏出骰子递给他。

水田将五颗骰子在石崖上投掷着，其中的两颗滚落到海里去了。

他抓起剩下的三颗，毫不费事地扔进海里。

“哟！”道子走到石崖边，朝海里看了看，什么话也没说。

水田很感意外，觉得她应该惋惜、愤怒。

舞女们去小屋后，水田独自留在旅馆的二楼。他眺望着骰子下沉的小河入海口的海面，感到了旅行中的孤寂。他心想，回到东京后得去见见道子的那位骰子名人的艺妓母亲。

停泊在港口的轮船上点亮了灯。

三

旅行总共持续了一个月。

水田带着舞女们去某个城镇的城山，姑娘们贪婪地吃着赏花圆子和树芽田乐烧烤。

姑娘们聚在一起时更加无法无天，令水田受不了。有些赏花的游客也会来舞女们的舞台看看，真是不成体统。

樱花大都凋零了，残留在枝头的已不是花瓣，而是枯萎的带有花萼的赤裸的花蕊。

但是，游人如织，舞女们在众目睽睽之下一副满不在乎的样子。

吃完树芽田乐烧烤后，她们用舌头舔着嘴唇，涂抹口红。

道子也用一支口红涂抹着。她噘起未加着色的嘴唇，煞是可爱。

水田仿佛有了意外的新发现，朝道子身边走去。

她那不引人注目的小巧的鼻子，在近处看十分玲珑，恰似充满爱心精心制作的工艺品。妆容并不出挑，道子却没有感到不好意思。

然而，在一片树木嫩芽的新绿之中，她那与舞台后台的妆容别无二致的打扮仍使水田感到新奇。

她的嘴唇、鼻子以及俯视掌中小圆镜的那张圆脸，宛如在诱人进入甜美的梦乡。

水田意识到，她虽然在舞台上不怎么起眼，却是位比想象中出色的姑娘。

他唐突地说：“道子，你到底是位怎样的姑娘，我怎么也想不明白。”

“哟，为什么呢……”道子抬起头来。

“你是个沉默寡言的人，对方不开腔，你是绝不会先说话的。”

“噢，是吗？不会吧。”

“像我对你的问话，你只是回答而已。真是少见啊！”

道子不再吭声，像在反思自己。

道子的口红是上台演出时才用的，比一般的口红湿润得多。

水田因此想起来，舞台上用的化妆品，浅草也有店销售，舞女们会去那儿买，为旅行做准备。看来道子是没做这样的准备，出来没多久，就拿别人的口红用。有的舞女对此表示过不满。

“有油菜田啊。”水田望着城山下河流对面的田野。

“是啊，我最喜欢油菜花了……”

“是吗？道子长在东京，真不知道你还会依恋油菜花田。”

“我很怀念的。不过如果把那种花插入花瓶，不能放很多，稍稍放几支就成。”

“是这样啊……我们走过去看看吧。”

道子点点头。

经过城镇时，水田想帮道子买点化妆品，即便不是舞台用的，也总比老用别人的强。

“我和道子外出走走。”水田向舞女们说，“我们不会晚，你们随时可回去。”

“嗬，上哪儿去啊？带上我吧！”有个舞女站起来，不过又坐了下去，瞅着这边。

道子本人比那些舞女们还要吃惊。

她伫立着，红了脸。

水田不顾她们，径自走下坡道。

道子追上来：“可以吗？”

“嗯。”

道子有些拘谨，只是低着头走路。

“我说，我不开腔，你还是会一味沉默下去吧？”

“唔，不是的。”道子摇摇头，微笑着，一下子高兴起来。

水田发现街边有家小店，就说：“在这儿买点舞台化妆品吧。”

道子吃了一惊，她看着水田，脸色顿时变得抗拒。

水田明说：“用人家的，会讨人嫌的。”

道子点点头，笨拙地买了化妆品。水田语气缓和地说：“哎，道子，这儿有骰子卖。”

“哟，真是的。”道子语音明亮地说，“我要买骰子，跟这个同样的要五颗。”

“五颗？全都摆在那儿了，只有两颗。”店员朝放骰子的地方走来。

“那就买两颗。”

然后，他们来到河岸边。

河堤铺设得像人行道，还有松木的行道树。河滩的嫩草地上，游览者们零零星星地分散活动。

“这条河堤路自从铺成水泥路后，风貌就大不如前了。这是旅店的女服务员说的。”

水田笑着边说边走下河滩。

宽阔的河滩上大部分是草地和石头滩，河水很少。

水田一直走到河水边，在一块大石头上坐下来。

道子很快在岩石上掷起骰子。

春季的斜阳照得浅滩河水闪闪发亮。

一时间，水田注视着道子掷骰子的手势说：

“帮我占卜一下吧！”

“占卜什么？”

“什么都行。”

“那怎么办……您要明说，我一定帮您占个好卦。”

“是吗？要是出的是一，那我就和道子恋爱吧。”

“不，不，不要嘛。”道子摇头笑着说，“不行……不过想要的话，我能掷出一来的。”

“行了，你就掷出一来吧。”

“不要嘛。”

道子明确加以拒绝，可是她转身蹲下，把脸几乎贴到岩石上呼呼地猛吹一气。她是要吹净上面的沙子和灰尘吧。

而且，她还十分认真地抚摸了一遍岩石表面。

“不在榻榻米上投掷，肯定不行！情况不同……”

她说的情况不同这句话，令水田笑了起来。

这时，道子眼神专注地凝视着在自己掌中滚动的骰子，水田也不禁紧张起来。

道子算计着呼吸，一下投掷下去。

"嘿!"

道子的眼睛熠熠生辉，抬头看着水田。

岩石上的骰子绝妙，两颗均为"一"。

"哇，太棒了!"

道子全身洋溢着一股神圣的愉悦感。

"太妙了！再掷一次看看。"

"再掷一次?"

道子的话声有些疲惫，她的手指又在岩石的表面上抚摸起来："会再次掷出来吗……讨厌。"

在斜阳的照射下，道子薄薄的耳朵皮仿佛是透明的。

四

在下一个旅行地的住处看到投掷骰子的道子时，她手里的骰子又增加到了五颗。

"五颗一起掷，都能掷成一吗?"水田问。

"讨厌，水田先生要人一遍遍地投……"

道子俯卧着，一只坐垫垫在肚脐眼下面。

"能掷出五个一吗?"

"掷不出的!"

道子兴致缺缺地握住五颗骰子投掷起来。

不带有道子感情和意志的骰子一颗颗随意散落开，她懒得看落地的骰子上的数字，弯曲着手臂，埋着头说："想睡觉。"

她没穿袜子。

因旅行显得疲惫不堪的裙子底襟处露出了道子赤裸的小腿肚子，很结实，她的脚趾因为跳舞有点变形了。

远处传来了法华大鼓声。

水田捡起散落的骰子，也开始投掷。

道子抬起头，茫然地看着。她抓住一颗，一下子掷下去。

掷出的是一。

再掷一颗，出来的还是一。

剩下的三颗，一颗颗依次掷出，掷出的都是一。

她用双手把五颗都是一的骰子集中起来排成一列。

就像一个孩子在无所事事地玩搭积木一样。

"啊，真是好天气哪。洗衣服吧！"一位名叫时子的舞女在走廊里望着城镇房屋的顶部，站起来说，"水田先生，我帮您洗，拿出来吧。"

"嗯？"

"真磨叽，我帮您洗衣服，拿来吧！"

"行啦，没要洗的。"

"没有啊，真幸福。您不好办吧，疑神疑鬼的……"时子在房间的角落处打开衣箱，“水田先生，请到那边去。”

“嗯。”

看到时子要洗衣服，道子大概也想洗了，她爬起来，也向水田伸出手。

“没有啊。”水田摇着头说。

单身的水田在旅途中用完旧内裤之类的衣物，就用报纸一裹扔了。

舞女们提出要为男士洗衣，想来真是奇妙。

洗涤就像传染病似的，从盥洗室或洗澡处传来四五位舞女轻声的合唱声。

水田躺在走廊的向阳处，闭上眼睛。舞女的歌声使他忽然觉得自己身处浅草，同时还产生了旅行已经过了很久的感觉。

当天晚上，已经过了开演时间，可女演员仙子还未到后台，另一位年轻的男演员也缺席了。

水田他们碰头商量，派人去旅馆查看，原来是仙子的行李丢了。

向其他舞女了解情况，她们说，仙子和年轻男演员之间并没有什么可疑的关系。仙子的丈夫在浅草，其貌不扬却挺有人气。仙子无法对付他，想离异却也谈何容易。或许这次的男演员只是她的旅伴而已。或许是仙子的丈夫要把她叫回去，将她卖到别的戏棚子去，抑或是仙子想离开丈夫，借这次旅行之机，到关西落脚。

然而，不管怎么说，对仙子而言，此刻应是脱离这个戏班子最好的时机吧。在对戏班子很了解的人看来，仙子打算离去是一目了然的。原先隐匿着的情况浮出水面，所以大伙儿什么都不愿多说。

眼下最要紧的是今夜演出的大窟窿该怎么堵上，大家虚张声势地热烈讨论由谁去替代仙子。

戏班子的负责人友松跑到当地的旅行者处去道歉，很快得到谅解。相关人士还想为戏班子开个欢迎会，让友松把舞女们都带去，说在宴席上即兴表演，一起玩玩。

友松带着舞女们从后台直奔饭馆后，晚归的水田窥探了一下后台。

负责道具的团员正在收拾舞女们脱下后扔得一地的衣物，不过态度相当马虎。

“真是没治了，越来越邋遢。聪明的人都准备开溜了。”他冲着水田发牢骚，“鞋子里都出蛆了。嘿嘿，真是会折腾啊！”

他捡起舞蹈鞋，啪啪地扔到墙角去。

看来道子是换了衣服出门的，挂在墙壁上的舞蹈服里露出她的套装。

水田把手伸进她衣服口袋一摸，骰子在里面。

“她和母亲不同，去应酬时会忘了带骰子。”

这孩子给熏染得变坏了。水田心中嘀咕着，掷了一把五颗骰子。

好脏的榻榻米。

他再次环视后台。破破烂烂的屋子里，色彩鲜艳的衣裳显得极不协调，十分奇异。

水田继续投掷。

“掷骰子啊？”男演员花冈进屋后嘀咕着问。

他站在一旁看了一阵。“这种令人郁闷的事还是别干的好。”

“郁闷吗？”

“怎么说呢，我们来赌一下吧？”

“可以啊。赌什么？”

“哎，赌道子怎么样？”

水田猛然抬起头，面露愠色。

“可以，不过要让道子来掷。”

“唉，开玩笑吧……还不如让我喝上一杯呢。我本人可是个不幸的男人哟，没人邀请。还是去喝杯春宵酒吧。”

水田把骰子放进自己的口袋，站起身来。

五

在小饭馆里，花冈不时地纠缠水田，最后他问道：

“哎，水田，你对道子怎么看？”

“什么怎么看？”

“不管怎么看，你不觉得那孩子很怪吗？”

“是有点儿……”

“我总觉得，那孩子在小时候没好好淘气过。”

“是吗？”水田一惊，望着花冈的脸。

花冈一吐为快。

“其实，我挺喜欢那孩子，一直在悄悄地观察她。”

“观察什么呀，别说傻话。”

“这不能说。反正今晚之前，我对谁都没说过。正因为是你水田先生，我才首次在旅途中说出了疑点。那么你看看，如何解释道子之谜？”

“有什么谜啊？”

“没有吗？”花冈醉眼迷蒙地看着水田的脸色。

酒劲已经有点上头，但水田依旧不停地喝着。

花冈浑身没劲地偎靠着水田，摇着他的肩膀。

“好，就算没有。不过，我对水田先生可有个这辈子的请求，我想请你让她发发光。”

“嗯。”

“闪亮发光……演个好角色，让她引人注目，到那时，我觉得就可以解开道子的谜了。”

这话打动了水田，但他没有吱声。

“喂，水田先生，怎么样啊？”

“也许你说得对。”水田点了点头。

“那可是我的愿望。”

水田想，原来花冈爱着道子啊。

如此看来，花冈的“观察”不能一概予以排斥。

道子今年十七岁，她十五岁时进入剧团，之前她住在母亲家，那时她干了些什么，又经历过什么呢？

水田硬是把花冈拖到户外。

花冈精疲力竭地坐在路当中，说：“好月亮哪！”

这个城镇呈长条状，两侧的山都靠得很近。

近在眼前的黑乎乎的山头像是某种不吉利的东西，压在心头。道子的耳朵、嘴唇、鼻子、纤手、小腿肚子一一浮现在水田的脑海中，他有点作呕，也在那儿蹲了下来。

从城镇里传来了舞女们的合唱声。

“喂！”花冈提高嗓门儿叫道。

山中没有一点儿回声。

舞女们手挽着手。

她们一看到水田和花冈便吵吵嚷嚷地说："都喝醉了，要大家搀扶着走。"

"水田，你没见到道子吗?"

"道子?"

"是啊，中途不见了。在应酬时，我以为她稍稍离开一会儿，却没见她回来。"

"不见了?"

花冈举起手臂，摇摇晃晃地站起来。

水田觉得，不至于有什么不测吧，不过他还是有点不安。

回到宿舍一瞧，道子正一个人安稳地躺在床上。

"怎么搞的，你回来了?"

"哟，真狡猾!"

三四位舞女说着，朝道子的枕边伸出脚。

道子痴痴地笑着说："回来啦?"

从那种应酬中机敏地脱身，独自一人从夜间的大街上回家，这股坚强反而使水田从更深处去思考花冈所说的疑问。

水田嘴里呼出酒气，抱着头在那里坐了下来。

"哎哟!"道子抬起头，双眉紧蹙，"头疼吧，您脸色发青啊。"

"嗯。"水田把口袋里的骰子投掷出去。

舞女们再次欢闹起来。

“道子，掷一把……”有人嚷道。

道子俯卧着，将五颗骰子在右掌上排成一列，并看了看骰子上的点数。

水田一瞅，见中间那颗是一，上下两颗是二，最边上的两颗是四，也就是按四、二、一、二、四的顺序排列的。

道子仿佛接受了一种神圣之物，为了不打乱骰子的顺序，她的手掌水平地移动着。

受到道子全神贯注的影响，舞女们全都紧张地凝视着。

眼看着道子的手掌抖动得越来越快，骰子一下子投掷下来。

“啊，成了，成功了！”

欢呼者是道子，她从床铺上一跃而起。

围观者目瞪口呆。

五颗骰子的点数均为一。

而且，五颗骰子呈伞状均匀地散开。

缓过神来的舞女们击掌庆贺，水田亦深感畅快。

跳起来的道子又就地跪坐在床铺上。

宿舍浴衣下的贴身内衣是白色的。

看到道子跪坐的样子，水田明白，花冈所谓的“观察”，是彻头彻尾的谎言。

“晚安。”水田轻轻拍拍道子的脑袋，站起身来。

“嗯。”道子点点头目送着水田离开的脚步，“头痛的话就叫我，我不睡的。”

水田回到男子宿舍。

对面房中传来投掷骰子的声音。

那声响与在港口宿舍中听到的截然不同。

细细想来，道子掌中的五颗骰子，中间那颗一点的得旋转八次，旁边两颗二点的转七次，而两端两颗四点的应转五次，是不是这么回事呢？她大概记住了水田在那块岩石上说过的话，那以后付出了多大的心血啊！

五颗均为一点的骰子宛若美丽的焰火一般浮现在眼前。

“啪……啪……”

水田想起了花冈的话。

浅草这地方的魅力，会在不知不觉中被人了解。刚出校门的青年会以浅草的歌舞演出小剧场为根据地，半娱乐半工作地在这儿写剧本、搞演出、做舞台装置。水田就是其中一员。

然而，外行的新鲜感如今已经过时，不光是仙子，也许大伙儿都到了看透并放弃这一行的时候。

水田难以入眠，他在想能否与道子两人去某个让人眼前一亮的地方。

道子投掷骰子的声音仍在持续。

（一九四〇年）

燕子童女

观光列车驶出逢坂山的隧道，行走在近江路上，车厢内的乘客大都睡着了，没睡的也闭着眼睛。

七八位男子都有相当的岁数，他们因为工作关系，早已习惯了来往于关东关西。

只有牧田夫妇眺望着春季绿油油的麦田间盛开的油菜花田对面的湖水。

车上的女乘客除了章子之外，还有一位西方女子。

从湖泊出水口处穿过铁桥，看到驶往濑田川的小蒸汽机船，牧田问："那是游览船吗……"

章子点点头，之后直到安土一带，两人都静默不语。

两侧的车窗边放着客厅用的椅子，除了牧田夫妇，其他人都是单身旅行，互相间不交谈。出于对他们这对一目了然的新婚夫妇的照顾，男人们故意闭上眼睛，不管说什么都只是倾听的样子，所以牧田也难以搭话。

彦根城出现了。

观光车厢的窗户很大，午后的太阳一直照射到章子和服外褂系着腰带的胸部以下。牧田看到章子的颈部暴露在阳光里，不由得大吃一惊，仿佛看到了妻子不该示人的肌肤暴露出来一样，瞬间紧张起来。说起来，牧田在看到被日光照射的章子颈部的刹那间，竟极为强烈地感觉到那是章子的整个肉体。

从这仅露出的肌肤便可历历在目地感受女人的一切，这对牧田来说毕竟是稀罕的。一种近似于惊讶的喜悦揪心地充溢在他的心中。

可是，曾经自以为光滑的肌肤在日光的照射下，汗毛孔一一呈现，也露出人类皮肤都有的肮脏，叫人扫兴。看到这些，牧田首次感到这女人完全是与自己不同的另一生物，真是不可思议。

牧田不知道此刻这个女人在新婚旅行的回程列车上究竟在想些什么。这种不了解，眼下也是令人快乐的。

章子在婚礼举行前化妆时，当然要剃净颈后的汗毛，可在旅行过程中，她就再未碰过剃刀。

颈后的汗毛长得像一层白白的灰尘。

那汗毛使人感到是隐藏在完全温顺地听凭牧田所为的章子体内的东西。

章子的头发看上去有点呈红褐色，她的身体沐浴在阳光中，可牧田思忖，阳光照射下的女人的头发看上去会发红，自己是何时又是怎么会记住这一点的呢？而且现在自己怎么也想不起那时女人的模样。

他微微闭上眼睛，令人陶醉的甜蜜的疲惫感潜藏在身体深处，无数个海蜇浮现在牧田的脑海中。

那是在横滨启航时看到的情景。

牧田和章子搭乘跑外国航线的轮船到神户，开始为期一周左右的参观大阪、奈良、京都的新婚旅行。

把他俩送到客舱的一位朋友把嘴凑近牧田的耳边低语。牧田心想，什么事啊？

“你们的床位分别是这边和那边的两端，不在一起啊。”

他在说卧铺。一般都是完全不认识的两个人同住一室航海，所以床铺设在客房的两端，各自的床边还有帘子遮挡。

牧田单位的上司大概听到了耳语，大声说道：“床铺当然是分开的，只要不是新婚旅行……”

牧田吃惊地抬头看着上司，他的话久久地留在他的耳中。

当时，章子在母亲跟前低着头，两根手指轻轻捏住母亲腰带下的衣服下摆，大概是无意识的吧。她似是想说些什么，一副要哭出来的样子。

送行者下船回到岸上后，再到开船又过了很长的时间。牧田无语。他一直在想，要是章子哭出来就好了。章子看上去在一味地强忍。

港口的娼妓们把身子探出栏杆，张大嘴狂喊，傻乎乎的。

因为是新婚旅行，牧田羞于挥动手帕。

轮船启动了，岸上的送行者们奔跑起来，船上的旅客们也生怕看不到送行的亲友似的，从两侧挤过来。牧田感受到章子的体温，忽然间一阵悲哀袭来。与其说那是牧田自身的悲哀，莫如说是告别亲人、独自与几近陌生的男人一起出航的章子的悲哀传到了他自己的心中。

牧田从口袋里取出手帕递给章子。

章子拼命舞动那块手帕，令牧田惊讶。

章子意识到自己的情绪，低下头说：“哟，海蜇……”

牧田也向海里望去，只见掀起波涛的船尾处浑浊的海水里漂浮着无数的海蜇。那些海蜇个头很大，在翻滚的波涛中，伸缩蠕动着它们透明的身体。

被宽大的船体下混浊的海水冲刷、沉浮的大群海蜇，说不上是美还是丑，仿佛是一种可怕的东西尾随轮船紧紧追来。

牧田只要一闭上眼，海蜇群就会浮现在脑海中，真没辙。

湖泊消失后，火车驶入小山间，快到关原了。

“那孩子，真像混血儿啊。”

牧田看着跟前的姑娘，小声说。章子颇感意外，说：“哟，是吧。”

“偏黑的红褐色头发，是日本人吧？”

“是吗？”

“看上去像是生在日本的，不过总有点像混血儿。”

“我一直在注意她，像是日本人。她拿的东西也可以证明。”

那姑娘怀抱日本人偶，拿着个包袱。

“好像是混血儿，动作很温柔。”

“脸蛋与西方人如出一辙。”

“有几岁啦？”

“嗯，七岁吧。那是棉质的吗？已经穿上夏季服装了。”

“是呀，或许是麻布做的。”

虽然四月二十日刚过，但那姑娘已穿上夏季衣服了。藏青底色上的碎花纹衣服，袖子和底襟都很短。里面穿着桃色的丝绸内衣和同样颜色的内裤，领子上还镶着白色的花边。

姑娘的头发左右分开，发梢处系有白色的缎带，不过仔细一瞧才知道那不是缎带，而是一种陶瓷器，刘海处也戴着陶瓷器的饰物。

“她是一个人旅行吧。”章子说。

“我也觉得是，一直在注意她呢。起先认为她旁边的是父亲，但看上去并不像。”

“不是她父亲。”

小孩子坐的藤椅很舒适，她的背部深深地倚在靠背上，双脚搁在椅子上，而曲起的双膝上摊着一册绘本，膝盖倚靠处还搁着手臂，整个身子都靠向一旁椅子上坐着的人，所以牧田一开始还认为那人是小姑娘的父亲呢。

可是，旁边的男人只顾自己睡觉，姑娘一个人玩耍着。

“独自一人，真不简单……”章子感到了对小姑娘的喜爱。

男侍进来对牧田说：“房间里空着，请进！”

牧田点点头却没有站起身。

头等车厢分成三个区域，观光车的前面是安有旋转椅的座席，再前面设有小房间。小房间里有两排面对面的长椅，房门的玻璃窗上装有窗帘。男侍或许出于一番机灵的好意，但牧田不愿进那种午睡用的小盒子般的房间，甚至被邀请也使他感到不好意思。

“你说轮船和火车哪样好？”

“轮船好。”章子回答，“家父曾想让我坐船去新婚旅行呢。”她的话音有些微微颤抖。

牧田看着章子，说：“你父亲？”

“是啊，他不老说坐船、坐船吗？”

“噢，所以你父亲也坐船？”牧田不经意地说。

“不过，只坐过两次。”

牧田笑了。

“家长嘛，自己想做而做不成的事，就想让自己的孩子去做。”

牧田点头表示同意，但他很快不由得一惊，自打从横滨出发以后，他几乎忘记了章子的双亲。

可章子现在的口吻说明她始终思念着家乡的父母，而且牧田也已经意识到，对章子而言，这是理所当然的，自己与她之间的不同是明显的，但这却是首次被发现。

牧田反省自己，在这次新婚旅行的过程中，自己居然一点儿也没想到章子的双亲，这是不是一种意料之外的罪恶呢？

“选轮船旅行就好了。”

“是的。”

“常给家里写信吗？”

“说到写信，你不是看过吗？”

“就那一封？”

“怎么？”

章子是在质问。她的语调显得很不服气，好像在说你是不是认为我是瞒着你写家信的。

共同写过的明信片就不谈了，在旅馆写过的信，章子也让牧田看过。

“只写过那一封啊。”

“回去再好好跟他们聊吧。”

“不过，总有点……”章子撒娇似的说，“我父亲一听到我出嫁的消息，忽然就成了一位幻想家，对我的事做种种空想。”

“是吗？空想什么……”

“各种事情……好像是他要出嫁一样，被母亲笑话了。”

“他是怎么说的？”

“说我吗？他说我不十分了解对象，所以不知道会怎么想。对象因人而异，不知结局会怎样。其实我真希望爸爸别吭声，听他那么说后，我觉得他挺可怜的。”

“不过你也会产生任由他去空想的心情吧。”

“讨厌，你那么说……既不可能，也没必要吧。”章子出人意料地强调。

那空想虽然有悖于现实，但是牧田想知道章子的父亲在心中为女儿描绘着怎样的婚后生活。

“爸爸那么说，说明他的婚姻是幸福的呢……抑或是不幸……”

“怎么说呢？”

牧田一下子难以应答，模棱两可地说：“他不是在说自己怎么样，只是为子女担忧，算是一种期待吧。”

在车轮的响声中，所有的声音都像被抹杀了似的变得很轻。在窃窃私语声中，章子的话音传得清晰，而牧田的声音却模模糊糊的，难以听清。

倘若没有那些纯洁姑娘的私语声，牧田只会认为章子是个胆怯的女人。虽然私语声似乎有点颤抖，却使牧田真切地感到对方是女性，尽管章子完全蒙在鼓里，但她已掌握了这种轻声慢语的讲话方法。

眼前的小姑娘把绘本扔到一边，将包袱一会儿解开，一会儿打上结，动作显得笨拙。色泽暗淡的普通包袱巾居然变得分外可爱。

包袱巾里包着装有千代色纸的盒子。

她抽出色纸，折了个头盔。

然后她又把头盔戴在她带着的两个人偶中的小人偶头上，但头盔掉了下去。

“啊！”她捡起来，想再次戴上，却并不顺利。

燕子号列车到达名古屋，从京都出发两小时，中途没有靠站。

牧田觉得睡着的乘客全都睁开了眼睛，有人起身下车，也有两三位上车的，全是男性乘客。

小姑娘跑向有旋转椅子的房间，抓住一个西方人的肩头，说了些什么。

“还是跟母亲一起来的。”

“是啊，不过，妈妈好像不理她呢。”

母亲对孩子说的话只是点了点头，没有把旋转椅转向孩子，而是继续阅读。

小姑娘马上又回到观光车厢。

这回折叠的是仙鹤。

章子微笑着注视姑娘的日本式游戏。

三河路的瓦片屋顶十分美丽。

小姑娘又解开包袱，把折叠纸放进盒内。

“这姑娘还是混血儿啊。她的包袱巾一角写着‘寺川’二字。”

接着，章子又颇有感触地自言自语：“不过，结婚就够呛。”

牧田有点迷惑，妻子是想起什么才这么说的呢？

“那位西方女子为了结婚，才来到遥远的日本度过一生吧。”

“那当然，如此想来……”

“生下外国人的孩子……”

或许正是想到这一点，章子此刻才感慨万千的。

不过，听妻子这么一说，牧田也产生了遥远的遐想。

坐在旋转椅房间里的西方妇女的背影，肩膀宽宽的，透着中年的寂清。倘若说她只是为了结婚而在异国留下混血儿后就离去，这是不合情理的。

想到这儿，牧田眼前的小姑娘变得有些令人怜悯的神圣。

“西方人的孩子为什么这样可爱呢？容貌并不怎么样，可……”

姑娘的眼睛是蓝色凹陷的，额头和颧骨长得不好，嘴唇向外噘起，有点讨人嫌，然而身材却令人觉得像天使一般柔软，脚腕以上露出的小腿部分美得可人。

与日本孩子不同的是，她身上具有一种孤独、自由的可爱，令人感到立体的独立性。

车过渥美湾的海边后不久就是远州路，接着就过了浜名湖。

那一带，每家农户都用冬青树做垣墙，树上全都发出芽叶，黄色的新叶犹如无数只蜻蜓停满了冬青树。

列车在静冈站前不停靠，静冈之后只停靠沼津和横滨。

小姑娘从包袱里取出纸气球，大中小三个叠在一起。她挑出最大的那只罩在头上，可纸气球很快掉到她的膝盖上。她朝他们看着，牧田笑起来，姑娘佯装不知地又把纸气球罩在头上，并用双手按住，东张西望地环视四周。

“真会一个人玩耍，妈妈一点儿也不管她。”章子说。

“西方人的孩子都那样，一生下来就会独处，虽小却不怕孤独。不然，独立的思想就不会产生了吧。”

“不过，在我们看来多少有点可怜，有点不忍。”

接着，看到小姑娘把纸气球放在嘴边吹不大时，章子终于憋不住跑过去，帮她吹大气球。

姑娘在接过章子递交的气球时，一副满不在乎的样子，好像在说谁让你多管闲事。她既不腼腆也不和善地微笑着。

看上去她很想找个玩伴，调皮得一刻不停，可还是始终一个人玩。

一旁的男子睁开眼，想对她说什么，她不要听。

“这么看着，你不觉得她越发可爱吗？”章子温柔地说。

车窗外，茶园里已见太阳西晒，新茶业已爆出嫩芽。

山间残存的山樱花、村子里盛开的杏树花构成了黄昏前静谧的景致，现在正是树木新叶最亮眼的时候。

小姑娘又跑去母亲身边，马上又折回，一下子蹦到章子旁边的长椅子上。

她从千代纸的小盒子里拿出小布袋。

“啊，小布袋！”章子充满怀念之情，惊讶地叫道。

那小布袋是用铁锈红色底的碎花纹友禅印花布料做的。

在车窗外黄昏时分的一片新绿之中，这日本式的小布袋宛若美丽的水滴沁入眼帘。

“家住哪儿？”

“横滨。”

姑娘回答了章子，却依然不愿有瓜葛，不熟练地反复抛起小布袋，再捡起。

玩腻后她又取出格子纸，开始画小人画。

格子纸是商业用信纸，抬头印着“横滨寺川生丝商家”的字样。

静冈到了。

不久，到沼津之前长长的海岸线展现在眼前。

章子只顾注视小姑娘，忽然回头对牧田说：“我们一辈子都不会忘记这孩子的吧。”

“会记着她的。”

“不会忘记的，可能再也见不到她……”

“是吧。”

“回程中好像只是看到了这个孩子，真是不可思议。”

接近东京，等待着自己的二人世界的家庭生活也让牧田觉得不可思议。

“九点整到达东京，你不想再旅行一阵吗？”

“嗯，不过，我已经想回家了，有很多事情要做。”

“什么事情？”

“嗬，”章子微笑着，“咱们偷走这孩子吧。”

“偷得了吗？她很懂事的。”

牧田说道。他忽然间想到，要是与妻子生出个蓝眼睛、红头发的孩子来又会如何？

他心不在焉地想，一个全世界各种人种杂婚的和平时代，会在遥远的未来来到吗？

小姑娘无聊地站起身，小声哼唱着，跳舞似的跑到书架前取出一本书，又跑了回来。

大海晚霞尽染，对面傍晚的天空中屹立着雄伟的富士山。

（一九四〇年）

夫唱妇随

一

牧山从学校回到家，大都自己脱下上衣，而领带则让妻子延子解下，然后伸直两条腿，延子帮他脱下鞋子、穿上布袜子，还为他扣上袜子上的搭扣。

早晨出门时也是延子给他穿鞋，当然，衬衫和西装背心也得从身后为他穿上，不过领带是牧山自己系的，他不需对着镜子也能打得很漂亮。延子哪怕稍稍摸一下也会引起他的不满。牧山很喜欢摆弄领带，只要商店有卖领带的，他总会转过去看看。作为一个教师，算是喜好修边幅的人吧。

帽子是在玄关处从送行的延子手里接过戴上的，回来时也在玄关处脱下递给妻子。

从延子这方看来，既然是夫妻，帮丈夫脱鞋穿袜也早已习以为常，但边上有人瞅着时，也会觉得有点不好意思。牧山却依然满不在乎地把脚伸到延子的跟前。

如今的中产家庭中，连袜子的搭扣都帮丈夫扣好的情形大概比较少见了，延子之所以会这样做，是因为当年她的母亲也是那样为父亲做的。

延子的父亲早逝，母亲为他脱鞋穿袜之类的事，延子已没有记忆。然而，当决定与牧山结婚后，她就想起那情形来。那时父母亲的形象清晰地浮现在眼前，躺在床上的延子不禁流下眼泪。

或许在父母的身影中，隐匿着自己离开娘家时的伤感。延子可怜自己离去后孑然一身的妈妈，也许是在那种思绪的支配下才碰巧出现上述的回忆吧。

父亲的那双大脚是平足底，相当柔软，大脚趾扁平，肉嘟嘟的挺难看，脚趾根部长着黑毛。与他形影不离的母亲是位旧式妇女，手很白皙，手指短而灵活。

虽说牧山是个养子，但由于工作关系住在东京。岳母与独生女延子分开后，在乡下收养了丈夫小妾的孩子。

延子学着她母亲为牧山脱鞋脱袜，久而久之便习以为常，因而，这不仅仅是对丈夫的照顾，对她而言亦是一种对于父母亲的回忆。

延子的脑海里浮现出父亲的脚和母亲的手，同时又暗暗观察着丈夫的脚和自己的手。她觉得自己的手很美，而丈夫的脚呢，真是奇怪无比。

延子感受到一种有点儿愚蠢、害羞的爱。“哎！”她敲敲丈夫的脚指甲，总有点忍俊不禁。

就算有会为丈夫穿袜子的女人，可如此仔细凝视他脚的恐怕很少吧。女人过日子，连自己的脚也不会去很认真地打量。

当然，延子从未正面观察过其他男子的脚，不过她认为，丈夫的脚算是很普通的。父亲在农村的大户人家里长大，习惯于管控他人的生活，他的脚具有随心所欲的力量，而丈夫的脚却不具备这些。在乡下的家中，父亲身上多少有些封建残余，所以让母亲为他穿袜子也是自然而然的事。

“从脚上也能看出一个人的性格吧……”延子一边帮丈夫脱鞋，一边试探着问。

“嗯。”

“都说人有面相和手相，但看脚的形状说不定也能了解人的性格吧。”

“或许会吧。”牧山不感兴趣，把自己的脚交给延子，放心地任由妻子观察打量。

换好衣服后，牧山想起来什么似的抬起下颌，指向延子的脚。“把你的脚让我瞧瞧。”

“讨厌！”

延子摇摇头，把脚缩进和服的下摆，脸上泛起了红晕。

“可是不看看的话，有时也许会有所不便。”

“有必要这样郑重其事地看吗？女人的脚嘛，不看也罢。”

“嗯。”

延子想，丈夫明明接触自己的脚业已数年，可没有少看，难道他没能记住那脚的形状吗？

牧山啜饮着粗茶，沉默了一阵又说：

“我曾听说这样一件事，一辆卡车被火车撞了，卡车上的人被甩到铁轨上，有好几个人被碾断了脚，他们都是洗了海水浴回来的青年团的成员，站满了一卡车。看到那些断脚，搞不清是谁的，引起一阵慌乱。可是，当他们的家人赶到时，立刻就分辨出自家人的脚来。”

“是吗？”延子皱起了眉头。

“应该能分辨出来吧。”

“真恶心。”

延子的眼前清晰地浮现出故去的父亲的双脚。

延子把母亲为父亲脱鞋穿袜的事告诉过丈夫，虽然没有想起自己的姑娘时代，但与牧山的婚事敲定后，一下子就回想起来了，真是不可思议。这些心里话，她是第一次告诉丈夫。

“要是有了孩子，自己孩提时代的往事，或许更容易回想起来。”

“应该会吧。”

“一定会的。看到自己的孩子，就会将已经忘却的自己小时候各种各样的事都想起来。我一直期盼着。”

“时至今日，你还把孩提时代的事记得那么清楚，老是挂在嘴上。”

“不过，你好像有点不乐意吗，不愿听吧？”

“那倒不是。可我是什么也记不住。”

“女人的交际面很窄，所以光记着自己那些细小无聊的事儿。”

“那也未必。女人很爱护自己，这方面是女人的强项。”

“也没有光爱护自己。女人是舍己爱人的，做不到这一点，就没有当夫人、做母亲的资格。”

“所谓只爱护自己，是指爱与自己肉体相恋的人呀。”

延子还是不服，觉得丈夫的话听上去显得浅薄。她在琢磨，丈夫是在凑趣与妻子开玩笑呢，还是在以奢侈的态度漫不经心地对待自己的爱情呢？

“其实，我在学问方面的记忆力很差，我很清楚不能依赖自己的记忆，所有的一切都仰仗书本，有一一查证的习惯。多亏了这一习惯才当上了一名教师。”牧山说，“我想让延子你代替我记住。”

“不过……”

“是呀，就是记住我们的生活，请延子把我们年轻时的事情当作过去的传说记下来，可作为老后的消遣。”

“好的。”

延子点头称是。丈夫的话令她有点意外，她动心了。

“那我就开始记日记吧。”

“日记？是吗？”牧山像在思索，“记日记好吗？写下来就无趣了。还是请延子用心记住的好。”

“那样能行吗……我什么都记不住的，还是记日记可靠。我的记忆很怪，会记的与事实不符。你那么信任可叫我为难。”

“回忆这东西，就是那样的，不必那么精确，与事实有点儿不同才好。延子只要随意地帮我记住，对我来说就足够满意了。老后听听那些往事，会想起原来如此，这就行了。”

“那我就尽最大的努力去记住。”延子微笑着，“不过你自己不记也不行哟。”

“我可不行。我记的话，什么事都会变得无趣的。”

“那又为什么？”延子不解丈夫的真意，“真奇怪！”

说着她摸了摸搁在火盆架上丈夫的手。

听了延子回忆的事，丈夫想到他们夫妻俩就是这样生活过来的，所以才说想把那些事当作老后的消遣。延子相信，丈夫这样说，说明他对自己的婚姻生活还是满意的，没有谋反的意思。

此外，如同延子所想，说明二人之间有夫妻生活，牧山肯定十分爱自己。

延子在感到幸福的同时，不知何故，更觉得应该好好体贴丈夫。

然而，虽然说自己的记忆不好并非谎言，可把夫妻俩的一辈子拜托妻子延子一人记住，这就是丈夫身上的任性了。连袜子上的搭扣也要帮他扣上，或许自己就是这样才使得丈夫的尾巴越翘越高了。

延子想象着，与其让牧山记住夫妇俩的人生，莫如自己记着，到老后回忆回忆，定会感到幸福。想到这儿，她不由得一惊。因为在这种想象生成的过程中，她不仅意识到男人和女人的区别，还探测到丈夫与自己的性格之差。

造访牧山家的来客，众口一词地说延子是位好夫人，无不夸赞她教养有成。

“夫人看上去出色，是因为丈夫有缺陷哪。”牧山总是笑着以这句口头禅应答，而来客一准儿用固定的话来回应：“哪里哪里，是因为丈夫好哇。”不过，这时候牧山会沉下脸来。

二

延子的母亲去世了，父亲小老婆的孩子桂子由延子收留在东京的家中。

不用说，牧山是反对的，延子母亲让桂子住进故乡家中时，牧山就是反对的。据他说，其实延子父亲去世时，曾经处理好了桂子的问题，桂子那边也并无什么抱怨，反倒是延子家主动凑上去才有了瓜葛。

“首先，妈妈这不是自取其辱吗？憎恨才是理所当然的。”

虽然丈夫这么说，但是延子并不憎恨桂子，或许是她们分开生活的缘故。延子甚至有一种伤感：这是自己唯一的妹妹呀。

反正可以请桂子帮忙照料母亲，所以延子瞒着牧山，给她们送去成套的和服料子。延子觉得若是能让牧山亲身体会到母亲收留父亲小老婆女儿时的寂寞就好了。

对于父亲纳妾，母亲早就厚道地想开了，并未产生牧山所说的妻子的屈辱感。每当学年更新时，母亲还会给桂子送上升级的贺礼。

在母亲的葬礼上，牧山首次见到桂子。

“非美人也。”他颇感意外。

“你以为她很漂亮？”

延子想到牧山可能以为小妾的孩子美过正妻的女儿，便觉得不舒服。

桂子个子很高，瘦而有骨感，缺少女人的温柔。身体的皮肤比脸部的黑，不过浓密的头发很美，笑起来让人觉得很像延子的父亲。

桂子在厨房里帮忙，她摆弄盆碗的动作很粗糙，这让延子很容易感受到母亲的隐忍。母亲在擦拭走道和立柱时十分珍爱家里的老器具，她与桂子共同生活，定会有很多为难之处吧。

收留了桂子之后，老家的房子完全弃而不用了，所以牧山提出，把它卖了如何？他说，那里的田地和山林现在出手正是时候。

延子很惊讶。“可我们现在的生活并没有什么不便呀……”她竭力平静地说，但话音还是在颤抖，恰似一种恐怖感令其脊背冰凉。

“再等等看吧……”

“那是延子的财产，不便急着匆忙做出处置吧。”

“我可不认为都是我的财产，也是你的！”延子惴惴不安地说，“可我们在东京的生活总有令人不安之处啊。虽然拥有股票，但对我这个乡下人来说，总觉得不可靠，还是持有老家的田地和山林更令人安心吧。丢了那些东西，我们就真成为浮萍了。”

“那是因为你在老家度过了幸福的日子，对那些幸福生活的幻影充满了留恋之情。像我这种从小辛劳的人可不会被财产之梦所欺骗，我靠精确的计算来判断。”

丈夫这么说，延子也就难以言对了。牧山熟谙蓄财之道，看到损益是无可厚非的，但资金方面没有为难之处，却要卖掉老家的房产和土地，这叫延子难以理解。丈夫若是商人或事业家倒也罢了，可他不是一位学者吗？他不是正安稳地过着他的日子吗？

牧山像是要排遣延子的恐惧感，说：“要是我抛掉股票，借钱维持生活，是否可以卖？”

“对呀，那就没法子了。”延子笑了。

牧山是绝不可能那么做的，这个话题就此作罢。

桂子来到东京家里后，老实地依赖延子，对牧山一点儿也不亲近。

牧山也从未吩咐过桂子一句，必要的事均由延子转告。

“老是一声不吭的，不知道这姑娘在想些什么。”牧山视桂子为眼中钉。

“那倒未必，她挺能侃的。”

然而，延子也不愿调停他俩的关系，因为她感觉到，不知何故，桂子开始蔑视牧山了。

每当延子为丈夫穿袜子时，桂子总在一旁瞅着，面露冷笑，好像要说：一个养子，居然如此盛气凌人！

延子的父亲去小老婆的外家时，是否也是让桂子的母亲帮着穿袜子的？看到桂子那模样，延子总觉得好像不是。

想来外家准是脏兮兮的，弄得乱七八糟。小妾会让延子的老爸穿上领子满是污垢的和式棉袍，邋遢地躺着，再从附近奇奇怪怪的店家买来乌冬面或什锦凉甜粉让他吃吧。

有时，延子会觉得自己在桂子身上看到了父亲不洁净、猥琐的一面。

可是，延子眼中的桂子不知不觉中有了变化。延子要为丈夫脱袜子时，桂子会悄悄地低下头，这令延子感到惊讶。

延子想起了决定与牧山结婚后自己回想起母亲的事。难道桂子没和谁恋爱过吗？

延子还是猜对了——桂子告诉延子，她已与佐川约定结婚，而且好像还怀上了孩子。

延子只能与丈夫商量，牧山立即寄信去叫佐川。

佐川一直在帮牧山当助教，常常出入牧山家，这次靠牧山照应，刚刚决定要去外地的学校任教。

三

佐川来了，牧山让延子一起去见。延子对着镜子整妆时，牧山站在她身旁说：

“信寄出后，三四天没见到他了，这件事恐怕不好谈。”

“是啊。不过，上次弄清楚了没有孩子，也是件好事吧。”

“哎？”牧山一下子摸不着头脑。

“怎么会知道？”

“你真傻啊。”

延子一走进客厅，就看到佐川摆好了架势，还带着几分敌意。

“本来收到老师的信就该立即造访的，可是有些事得好好想想……”他的脸色有些苍白。

“唔，我很吃惊。你是个老实的人，这事该先跟我们商量，或许这种事难以启齿吧。”

“是的。”佐川低着头，闷憋了一阵，“看了老师的信，觉得此事自己也有责任，所以重新考虑了一下。”

“重新考虑……”

“孩子的事。”

“孩子？又没有孩子。”

“哎……”佐川脱口而出，“是吗？”

他嘟囔着，朝延子这边投来锐利的一瞥。

牧山看来对佐川的态度感到不安。“不过，你会坚守自己的约定吧。”

“约定？我与桂子之间没有任何约定啊……”

“桂子说她与你已经约定结婚了。”

“绝对没有，桂子心里应该很清楚。我们的接触从一开始起就没有这种打算。”

“那你是什么目的？”

“当然，我是有责任的，不过桂子也一样啊，我认为是五五开吧。”

牧山沉默了一阵。“没有孩子就好，要是有的话，你就得答应结婚啰。”

“不，我不会考虑这等傻事。即便有了孩子，我也不想结婚。所以我烦恼了两三天，琢磨怎么处置孩子。”

“你能否为了桂子，不去烦恼呢？”

“我与桂子早已分手了，这种事大家都有过错，所以决定尽早了结。”

牧山因愤怒而嘴唇颤抖，他努力平静地说：“玩弄了有恩于你的人家的姑娘，亏你还这样恬不知耻地言之凿凿！”

“老师，您误解了。我预料到可能出现这种情况，所以带来了日记。”

“日记？”牧山与延子对视了一下。

“您看看日记就应该明白，我也重读了一遍，很难认定那是我一个人的责任。”

“你一直记日记吗？”

“是的。”

“真是无懈可击呀，我算服你了。拿给我看看。”

“好的。倘若您一定要看，我想请夫人过目。”佐川把日记本递给延子。

打先前起，佐川就态度冷淡，没有一点儿示弱的表现，这让延子很是吃惊，确切地讲是在一旁看得出神。

她愣愣地翻开佐川的日记本，不时看到的折页处大概都记着与桂子相会时的情景吧。

然而，才读了两三行，延子的脸色就发白了。为了控制颤抖，她的两个膝盖紧紧地并拢在一起。

——原来佐川爱的人是延子。他并不是景仰牧山的学问，而是被延子的魅力所惑，才出入延子家，担任牧山助手这一角色的。

看穿这一切的人是桂子，她以要向延子传达佐川的心意或告知牧山为借口，勾引佐川，然后缠上他，委身于他。佐川经不起向他哭诉的桂子的诱惑，离开延子，不得不沦落乡村，对他而言，确有一时的动摇。

见延子读日记的表情非同寻常，牧山惊讶地问道："怎么啦，是桂子不好吗？"

"是，是的。"延子没能抬起头来。

"是吗？那么，总之先把桂子叫到这里来，和佐川两人好好谈谈，争取认可。"

"是。"

"去叫桂子来！"

"是。"

延子正要出去，佐川叫停她：“夫人，请把日记本还给我。”

“哦，对不起。”延子返回，把日记本还给佐川。

“我们还是不要待在这儿为好。”说着，牧山和延子一起走出客厅。

“情况怎么样，还是不行吧？”

延子一下子闭上眼睛，抓住丈夫，倒向他的肩头，连连摇头。

过了一阵，牧山又到客厅去看情况。

“喂，延子！佐川回去了，嘿，延子！”他大声嚷着，“太不像话，招呼也不打一声就开溜了，算什么东西！”

延子一进客厅，双手抱膝的桂子便“哇”的一声大哭起来。

“姐姐，对不起，对不起，姐姐！”

延子茫然地站立着，觉得热泪流下脸颊，又猛然惊醒似的抚摸着桂子的脊背。

此刻，姊妹之爱首次有了交融。

当天夜里，延子为丈夫脱下袜子，边为他穿上睡衣边说：“我想把桂子送到乡下去住一段时间，行吗？她太可怜了，让她静养一段时间吧。”

“嗯。不过，那孩子我真是搞不懂。是不是再请佐川好好想想，实在不行，就早点在乡下帮她找个婆家。”

“是啊。”

“桂子二十四岁了吧？”

“是的，二十四岁了。”

“比你小三岁吧？”

“是的。”

延子睡不着。

佐川爱着自己，这是她做梦也没想到过的，多么粗枝大叶啊。难道自己居然被丈夫迷到这等程度？

莫名其妙的泪水濡湿了枕头。延子是幸福的，一定是深爱着自己丈夫的那种幸福。

然而，她不能不想到，由于佐川，自己所记忆的人生与丈夫所记忆的人生是迥然而异的。将来老了回忆往事时，能把佐川爱自己的事告诉丈夫吗？延子觉得自己必须老老实实地告诉丈夫才对。

延子唯一一次与牧山唱反调就是出卖家乡房产土地的事，她觉得这件事也该听丈夫的，所以提出带桂子回乡，找家乡的亲戚们去商议商议。

（一九四〇年）

一个孩子

元田一看就知道，痛苦地俯卧在床上的是芳子。

医疗部的窗户边有一株高大的合欢树，越过合欢树枝，向上可以看到里院对面的病房，虽然距离远得连浴衣的花纹也难以看清，但是芳子发出的“嗝——嗝——”的呕吐声在这边听得清清楚楚。她吐不出别的东西，吐出的只是又黄又黏的唾液。元田觉得自己也变得难受了。

“那么再观察三四天，母亲要是有危险，或许只能放弃了。那时我再与您商量……”医生对元田说。

“好的。”

元田避开医生的眼睛，凝视着芳子病房的方向。

元田怀疑医生是否会认为自己和芳子已是结了婚的。第一次来医院检查时医生就说看得太晚，言语中大有对两人关系感到奇怪的意味。今年春天刚从女子学校毕业的小个子芳子系着纯白的兵儿腰带，怎么看也只是个少女。短短的头发尚无法梳扎，加上妊娠反应显得十分憔悴，看上去有几分凄惨。芳子怎么也不愿上医院就诊，元田也觉得不好意思，便日复一日地拖了下来。

芳子被叫到名字走进诊察室时，又往回走了两三步站定，看着元田。她想露出微笑，又好像意识到自己动作的奇妙，忽然红了脸，连护士也朝元田回过头来。

住院以后，元田一直想告诉医生，他俩已正式结了婚，但始终没碰到再说的时机。

“她那么痛苦，是不是因为结婚太早了？”元田试着打探。

“那倒未必，还是体质关系吧。”

医生也朝芳子的病房望去。

梅雨季节少有的蓝天下不甚清晰地映衬出淡红色的合欢花，花下的绿叶间可以看到病房的窗子，芳子还是一副少女的模样。

她双手紧按心窝口，抵住蜷缩的双膝，探出病床的肩上，脑袋痛苦地扭动着，仿佛会从床上倒栽落地一般。

元田慌忙跑出医疗部，一进病房就抱起芳子。她精疲力竭地把脸颊靠在元田的胸口，气喘吁吁地呻吟着。

“护士跑到哪儿去了？”

“我不要她们陪，不要！”芳子摇着头，依靠在元田的手臂上，手掌上都是冷汗。元田帮她擦了擦额头，芳子自己也抓住袖口，擦去嘴边的唾液。元田要给她换上睡衣，芳子说：“你等等。”随后伸直双脚平躺下来。

“很难受吗？”元田问。

“嗯。”芳子露出笑容，“哎？难受，跑到哪儿去了？怎么搞的，真怪，好了！是你来到的缘故吗……”

元田把鸭嘴壶递给她，芳子闭上眼津津有味地喝起茶水，好像嘘地吹起了口哨，一脸的笑容。

“趁现在舒服，吃点东西如何？”

“不，不，请不要提吃东西，我又会变得难受的。”

元田用洗脸盆打来水，为芳子擦身。芳子坐在病床上，若不用一只手扶住肩胛，她的身子就会不稳定地晃动。元田的手指上传来芳子苗条肩胛的骨感，从后颈项到背脊，女学生被太阳晒黑的肌肤一下子变得雪白，上面的汗毛十分显眼。

芳子拉上窗帘，要元田把住房门。医生说芳子的骨盆生孩子也许过于勉强。元田站在门边，瞅着她的骨盆只觉得怜悯——护士帮她测量时，芳子并不叫疼，那个部位还残留着卷尺的痕迹。

换上一件新的浴衣后，芳子揉搓着脚趾，弄出黑色的脚垢来。元田厌恶地看着，芳子抬起头来问道：

“哎，你和医生碰过头了吧？”

“嗯。”

“医生怎么说……他怎么说？不能生吗？他说不行吗？”芳子一边追问，一边扑簌簌地落下泪来。

“不要嘛，我一定要生，请让我生。来，我们说定……就是死也要生……”她的嘴唇紧绷地颤抖着。

“没事的，肯定没事的。只要芳子肯吃东西就行。”

“是吗？我什么都吃。”话一出口，她的肌肤马上变得灰白，像是起了鸡皮疙瘩。她立刻又想呕吐了。元田静静地让她躺下。

“请帮我拿那张照片……”

那是女子学校的毕业纪念照，芳子居然把它带到了医院。

“我会死的吧。”

“别胡说，傻瓜！”

“不过，你看这上面，只有我一人像死人，对吧？我准会死的。”

拍纪念照时，只有芳子一人不在，在全体毕业生并排站立的上方，芳子的照片是后来合成上去的。

芳子没能出席毕业典礼，是因为她离家出走，跑到元田的住处来了。

芳子家是乡下城镇的酿酒店，临毕业时，就有人来提亲。芳子把与元田的婚约告诉了母亲。她与榻榻米店出身的小子、多半靠苦读从大学毕业的元田当然并不般配，所以不可能获准。有旧时代家长气质的父亲对芳子劈头盖脸地一顿臭骂，或许她是恨得失去理智，就逃到元田家来了。

元田回到自己的公寓，看到无助地呆坐着的芳子，眼睛一亮。本来可以在火车中发个电报或者往元田的单位打个电话，但她都不曾想到，只顾惴惴不安地哭泣。一见元田，她就像在等待一个回到家的不可指望的人那样，怀着悲伤的喜悦迎接他。

芳子家大概并没想到女孩子家会如此大胆，居然跑到元田的住处，他们好像一直在亲戚和朋友圈内寻找。芳子姐姐来到元田居住的公寓时，已经是四五天之后了，芳子还是被姐姐带走了。

因为怀上了孩子，三个月后急急忙忙地举行了婚礼。婚礼是在东京悄悄举办的，随后，芳子的母亲住进他们的新家，为女儿备齐新娘的嫁妆。

两人的新婚生活可以说始于芳子强烈的妊娠反应。

在小小的乡下城镇，芳子的事情很快就被学校知道了。芳子参加了所有的考试，成绩优秀，却不参加毕业典礼，出逃到男友家，引起一阵提议不发毕业证书的议论。

每次看到毕业时的纪念照片，就会想起这档子事来。只有芳子一人的照片离开同学们，浮现在集体照上方的空白处，这仿佛成了他们两人结婚的纪念，也在歌颂热情的胜利。

芳子在公寓等待元田时的悲哀模样如今成了抒情的场景，两人相信芳子的冒险是缘于爱情的火种。

芳子不时取出毕业照来看，或许可以说明她对女子学校还十分留恋。

然而，芳子说照片里只有自己看上去像个死人，元田却无法一笑了之。他不是没有不祥之感：只有芳子的照片与众不同，是否暗示着她异样的命运？纪念照往往有这样的习惯做法，把已经离世的人放在上面的空白处。

芳子的妊娠反应相当严重，她已衰弱得要打营养剂了，过了反应期，在尚未满月之时恐怕就得剖腹取出胎儿。这种身体不知将来会怎么样。医生也说过，再持续三四天的话，母体会有危险。

芳子坚称就是死也想生下孩子，这话与其说是母爱，毋宁说是因病而变得异常的脑海中的梦呓。

不过，芳子要生下这个孩子的心情元田也十分理解。要是没有这孩子，两人就不会结婚，何况结婚前那些痛苦的经历，全都寄寓在孩子身上，那是多么烦闷的心情啊。倘若放弃这孩子，之后的空白将无从忍受。会有罪恶的恐惧，但更强烈的会是难以言表的不安。芳子只想盲目地紧紧搂住这个孩子。

“在学校的礼堂里，自开办以来，学生都是并排拍毕业照的。大伙儿会笑我的吧，不过，要是我死了，他们又会可怜我的吧……”

芳子扔下照片，闭上眼睛。从凹陷的眼睛里，可以看到眼球在不安稳地转动着，而且泪流不止，仿佛泪腺打开了闸门一般。

“现在就死，就会带走我的孩子，他也会一起去死的，真是对不起，不过那样会很幸福。”芳子说着，从枕头下面取出一张纸条。元田看到上面详细地写着他的衣服、内衣，分好夏季和冬季的，各自放在衣橱的什么抽屉里，还做好了餐具的目录。“来访的人多了，你会手足无措丢人现眼的，所以帮你写好了。”

“不至于吧。”

元田黯然神伤，这是多么悲哀的遗书啊。铅笔字写得工工整整，不愧为女校的优等生。

元田决定由医生去处置。芳子濡湿的眼睛变得彻底澄净，元田很是惧怕死亡的阴影。

擦拭着芳子汗津津的身体，元田碰到了她那小小的乳房，只有那儿是凉凉的。他在一旁朝它眨巴着眼睛。

芳子的妊娠反应竟然鬼使神差般地好了，这固然有治疗的效果，却又总让人觉得似有神助。

她食欲大开，食量惊人，眼看着胖了起来，整天地忙忙碌碌，不修边幅，判若两人，变成与她家乡富有世家全然不同人家出生的女人。芳子甚至忘记了肚子里的孩子，恰似女学生那样地唱歌、奔跑。元田也从未见过她这般模样。

一屁股坐下，腰间的力量沉甸甸的，体态很快变得像个已婚的妻子，手臂的肌肉发达起来，手劲儿也大了。女人那无穷尽的力量在爱情中熊熊地燃烧起来。

连分娩的不安也忘了，两人沉浸在新的幸福之中。

一天早晨，元田被芳子的呛噎声吵醒，见她正在床上抽烟。

“喂！”元田要夺下她的烟。

“抽抽也没关系吧。”芳子并不买账。元田指责说，哪有女人大清早在床上抽烟的！

“因为怀了孩子，特别困，两个人嘛！”芳子转过身吐出一口烟，“香烟嘛，前一阵我就抽上了。”

芳子闹的别扭让元田惊讶，他盯着她看了一阵，说：“傻瓜！”照着她肩头打了一下。

芳子一下子蹦起来，利索地拾掇好自己的床铺，胡乱扯下元田的盖被，又用力掀起他的垫被，把元田甩到榻榻米上。

他被芳子巨大的力气吓到，小声地说：“当心流产！”

“没关系，反正孩子是从坟墓中生出来的。”芳子冷笑着，故意用力地把被子扔进了壁橱，而这些平时是让女佣干的。

“我做了个噩梦，太伤心了，所以才抽烟。我听到墓地有婴儿啼哭，见孩子从死人的肚子里出来，那肚子像蛙一样呈青色，在月光的照射下，真叫人毛骨悚然。”说着，芳子打了个寒战。

元田心想，这是不是妊娠反应再来的前兆？可是，芳子的叙述有显而易见的破绽。她是否真做了那样的梦，令人难以置信。或许她是把读过的书中情节当作梦境在讲。

近来，芳子一味依赖元田的可爱的声音听不到了，变成一种黏黏糊糊、满不在乎、信口胡言的语调。

在厨房间，她把女佣赶到一旁自己下厨。当天的早饭，摆在元田跟前的是生鸡蛋、紫菜和甜烹海味，却不见豆瓣酱汤。

元田一催，芳子答道："我一闻到酱汤味儿就作呕。你让女佣去做，在我看不到的地方喝！"她看也不看元田，一口气吃下三四碗腌海带的茶泡饭，吃相实在是可憎。

元田发现芳子偏食，就说这样不利于孩子的发育。

"发育不良，分娩不就容易了？"芳子在装糊涂。

元田的袜子上开了个洞，衬衣的袖口也脏了。

"在公司里又不用脱鞋，唠唠叨叨的。一个榻榻米店的小子，还挺时髦的。"

"你说什么？"

"说错了吗？难道你不是榻榻米店家的儿子？"

元田从桌子的抽屉里拿出芳子的"遗书"，寻找袜子和衬衣的放置场所。"你想想这张纸吧！"他把那张纸放在芳子面前。当时那个令人爱怜的芳子，现在跑到哪儿去了？

元田独自换袜子时，芳子把“遗书”撕成小碎片，扔到盛夏耀眼的朝阳照射的庭院里。从敞开的浴衣衣领处露出的肩胛颈项，美丽丰满，恰似抹上了香油一般润滑。元田忽然闭上眼睛，觉得她不是自己的芳子，而是大街上的娼妓。

之后的两三天，芳子几乎不对元田讲话。

胎儿是神圣的，芳子有了洁癖。去年刚从大学毕业的年轻的元田，只能顺从她。

芳子忘记了化妆，表情严肃。她颧骨凸起，以男人一般的眼神正面瞅着元田，而且她好像被体内喷涌而出的暴力驱使，特爱干力气活儿。

元田嘱咐女佣别让芳子多干活儿，可四五天后，女佣向元田哭诉，说自己被解雇了。这女佣是芳子从乡下带来的，对她很忠诚。元田帮女佣辩护，芳子一脸的不悦。

“说什么女佣向你哭诉，真是令人作呕。你们俩秘密地在说什么悄悄话？”

元田首次意识到，芳子正被一种病态的嫉妒所烦恼。自己讲述单位同僚的传闻时，她每次都表示反感，或许也是那烦恼所致。

元田觉得应该提醒她，但这种无端的嫉妒似乎还带着某种邪恶。人人喜爱的直率纯朴的芳子，近来总是怀着敌意看待他人，可爱的心思不见了，世家闺女纯洁的气度也消失了，在老家，她一定从未有过这般无礼的生活。

连续吃上一周金枪鱼生鱼片，偏食使芳子渐渐胖起来、变得健康，可元田怀疑那健康是不实在的，搞不好是一种幻象，会一下崩溃的。她的身体是不是还无法孕育分娩孩子呢？芳子身上好像有邪魔附体，她是靠邪魔的力量在生活。说得极端一点，看上去芳子已经毁灭，是别的生命假借她这个躯壳在生存。尽管元田知道这种意念是自己孩子般的妄想，然而胎教还是存在的，要不是芳子的变化多少暗示着孩子的性格，他不会平白无故地担忧将来妻子会生出什么样的孩子。

总之，家庭的和睦和幸福全被破坏了。芳子耸着肩，每件事都与元田对抗。整天充斥着丑陋的互相反目，使元田的心情颓唐起来。

元田觉得芳子或许是第一次在城市过炎热的盛夏，这样对她有孕的身子有所影响，所以建议她回乡下避暑，芳子却胡乱猜疑元田想与自己分手，乱扔陶瓷器，闹腾了一番。

不过，躺在蚊帐里，芳子又说孩子在动。她静静地合上眼，还出人意料地露出鲜花开放般祥和的微笑。

“是吗……嗯，嗯。”

“别碰！”芳子尖叫起来，猛然推开他的手。

“反正你是个冷酷的人，你对孩子是冷淡的！我很清楚，你一面在医院哭着求我，就是死也要生下孩子，可当天临回家，你就对医生说不要孩子吧？我从未碰到过如此叫人窝心的事。我想过和孩子一起去死，不过要是孩子能长大，我会把这一切都告诉他的，一定会！这是医生亲口告诉我的，假不了！”

在芳子的妊娠反应好转后，医生开玩笑地说过，在反应症状最严重时，元田曾经如此担心过。现在，芳子却说等孩子长大后要告诉他父亲说过不要孩子，这种抹黑的坏话极其恶劣，难怪元田再也无法忍受。

“我以这样的身体状况出嫁，你是不满意的！可这也是因为你不好，我对有孩子完全不知情，一味信任你，跑来找你商量，可是让我回不了家的难道不是你吗？父亲最恼火的就是这件事。他说，你还是个姑娘家，要干干净净地还给父母。以后希望有出色的男子来娶你……如果你不那么做，我就不会背叛你。我是不会像不良少女那样因为想结婚才跑来东京的！我想要足以能够清晰回忆的婚姻，可现在的，想起来就恶心！”

元田无语。然而，那也是芳子必定会说出的事实。自己发声的话就不可挽救了，元田充满了凄凉的幻灭感。

女人都有崇拜自身纯洁的心理，芳子的内心深处沉积着纯洁遭到污染的怨恨，所以现在才一吐为快。不过，芳子始终憎恶两人最初的好合，这对元田来说，多少有点被突然袭击的意味。

元田不愿讲任何话语，对俯卧着哭泣的芳子首次感到生理上的嫌恶。他看到了失去羞耻心的女人的丑态。迄今为止，元田一直觉得逃到他公寓来时的芳子那么可爱，虽然有几分可怜，却没有丑陋的记忆。

有时元田甚至怀疑，芳子的反抗言行中是否真的含有憎恶的成分。

芳子自己对精神异常似乎也有恐惧感。她会与元田磋商，开始阅读宗教书籍，在壁龛上放上插花，偶尔还会沏上一壶茶。

然而，她又会在元田书桌旁的废纸篓里查找废物，这也罢了，竟然还从女佣的篮子里拿出信件，心神不宁地阅读，甚至狂暴的雷阵雨打湿了朝北的女佣房间的纸槅门都全然不知。

不久，女佣主动来辞职，她由衷地为离别芳子而惋惜，哭着回了老家。可是，她一走芳子就数落起女佣的种种不是。元田大为惊讶，想不到芳子还有这么会刁难人的心术。

还有，看到芳子写到老家去的书信时，元田只能认为她的脑子出问题了。看来芳子是在元田的书桌上写的，元田看到装订在一起的信笺，将这种没有写完的信往外寄就肯定是不正常的。

芳子在信上写道，自己是怀孕之身，却每天受到元田的虐待，终究难以忍受所以想要离婚。元田只是在芳子抽烟的那天早晨打过她一下，她却写成始终对其又打又踢。元田一下子难以判断这是为了在乡下的父母跟前夸大效果呢，还是一种受害妄想症？总之，看来只有请老家的人将她领回娘家去住上一段这一条路了。芳子还写道，她在这个家是无法生产的。

这一次来接她的还是她的姐姐。

看上去先期回乡的女佣已把芳子的一些状况告诉了家里人，姐姐并没有指责元田。她笑着说：“女人怀上孩子后因人而异，有的忒想要人抚慰。还是第一次碰到这种事吧？元田你太年轻，芳子也是个孩子啊……”

芳子忘记了自己写过想离婚的话，哭着对元田翻来覆去地讲，分娩时你一定要来。还进来问他自己穿的和服和化妆合适吗。她紧紧拽住丈夫的手不放，令元田直觉得都是自己不好。芳子的头发长得很长，而额头上的发际却比过去稀疏了。

“真怪，怎么变得如此胖墩墩的？”芳子的姐姐说。

芳子面对元田，默默地在书桌的抽屉里又放好“遗书”

后离去。不可理解的女人心使元田铭刻在心，连自己的和服与衬领都仔细地写在上面。妻子还是打算要回这个家的吧。

然而，无论元田怎么写信，总不见芳子的回信。以前的女佣告诉他，元田的信都被她母亲收掉了，没让芳子看。

要是就这样离异的话，这段短暂的婚姻生活简直如同噩梦，元田一方面责备自己，另一方面却又不知道应该迁怒于什么才行。半夜里突然醒来时，脑海里显现的尽是芳子那要死要活的极其苦闷的爱。

——芳子安产一男儿。

元田收到这封电报时，已是深秋季节了。

元田一进产房，芳子就嫣然一笑，眼睛一眨不眨地凝视着他。忽然间，她拢起纷乱的短发，好像一下子想到似的给孩子喂起奶来。

“奶水还行吗？”

“不多，说是还得加牛奶……”芳子轻声回答。她平和而幸福的脸上，好像什么事也没发生过似的，清爽美丽得像刚洗涤过一般。

“这么小的可爱的妈妈，真是好笑……”芳子的母亲笑着走进来。

果然芳子又变得纤纤小小的，成了一位可爱的少女。

傍晚的月亮照射在菊花地对面的柿子果上。

“真漂亮呀。”

“是啊，今年是柿子的大年……”妈妈说着，与元田一起望着柿子。

这就算搞定了？元田纳闷儿，一时间真是难以置信。

芳子像是变换过几个人，宛如魔术师一般地呼风唤雨。新生儿活像个天真烂漫的小猴子，用力吸吮着一度濒临死亡深渊、又一度被逼到疯癫境地的母亲的乳汁。

（一九四〇年）

待嫁的人

轰隆一声地鸣，房屋摇动，玻璃窗哗啦作响。

“爆发啦！”佐纪雄欢呼起来，冲到阳台上。

庭院的杂树林里，野鸡发出急促的尖叫声。

今年夏天，这是浅间山地区火山的首次大爆发。

从火山口腾空而起的烟柱里，像焰火一般飞舞的是电光，还是火石呢？

不过，佐纪雄的父亲和母亲坐在房内的椅子上，平静地看着火山喷发。那是个不必跑到阳台上、从窗户就能看清浅间山的房间。

在轻井泽，能不能看到浅间山是决定地产价值的一个条件。无论是别墅的承租人还是访客，他们首先会问的就是“能看到浅间山吗”，这已成为一个惯例。

这座自古就有的名山，不仅因为云雾缭绕会时隐时现，而且由于活火山的关系，光秃秃的，反而容易随着季节与时刻的变化不时变换山体的颜色。

佐纪雄家的别墅建在朝南的山岗上，能看得到浅间山西侧的斜山坡，但西侧的杂木林就成死角看不见了。每当太阳偏西后，能看到的大棵榆树只剩下一株了。

这棵榆树孤零零地矗立着，周围没有任何阻挡物，尽情舒展的树枝顶端朝四面八方稍稍垂荡，看上去比一栋房子还大，密密的树叶正随着人体无法感知的微风摇曳。

孩提时代的佐纪雄每到夏天，就会把这棵大榆树当作一把幸福的绿伞，怀着童话般的心境眷恋着它。树底下放了一把藤椅，母亲喜爱坐在那儿。在佐纪雄的记忆中，幼小的自己被妈妈抱着，透过树叶仰望变得破碎凌乱的天空。

从小时候起，只要浅间山喷发，佐纪雄就会冲到阳台上去，引得爸爸妈妈大笑。为什么会那样，他自己也闹不明白。

为了观赏浅间山，佐纪雄家的阳台也是由南向西打拐的。

榆树位于偏南的西侧，浅间山在树的右边，在偏北的西侧。

佐纪雄蹿到阳台上，那天是有月亮的夜晚。

远处的月亮光色清澄，火山上喷发的浓烟在静谧浑厚的夜空中高高地扬着头。

那情景好似漆黑的排列着的巨石群，又似挥起的地底深处巨臂上的肌肉疙瘩。

刚喷发的火山，冲天而起的并不是烟雾，而是看上去就像由令人恐惧的力量凝结成的固体物。

要不了多久，它就会升腾到几千尺的高空，遮天蔽日，把火山灰远远地抛到十多公里之外的地方。它积聚能量，仿佛一个冲出大地的炮口。别的地方是不可能直观如此巨大、成形的力量的。而且与风暴和海啸不同，作为力量的集结，它可以被静静地观赏。

试图拍摄浅间山喷发的摄影家们，竞相拍摄喷发的瞬间和紧接着喷发后的情景，佐纪雄也和他们一样。

等到烟雾完全升腾而起，或者横向一边扩散开来之后，他就不想再看了。那种紧迫感不在了，魅力减弱了，烟雾中闪电般的火花也不见了。

火山喷发的瞬间，他会忘却恐怖，沉浸在欢喜之中，不过一旦遮天蔽日的烟雾到了头顶上方，那留在心中的便只有恐惧了。

或许可以说这是突遇大自然的蛮力，因逆反而显得无比坚强的人变得虚弱了。

伴着轰的一声巨响喷涌而出，今夜佐纪雄看到的应是理想的喷发。

月光明亮的高原夜空中，巨大岩石块似的喷发，其重力感依然强烈。

刚过傍晚，一定有许多人在观赏火山喷发。然而，一种浓厚的孤独感朝佐纪雄逼来，仿佛只有他一人在看喷发似的。

他觉得在寂寞无人的世界，愤怒的大地灵魂站立起来了。

忽然间，四下笼罩着冰原般的寂静。

佐纪雄一只手抱住阳台的圆木柱，眼睛一眨不眨地凝视着。

喷发出的烟雾弯扭缠绕着，向上升腾延展。

浓烟滚滚蠕动，上升速度为每秒二十米，每分钟一千米。

幸好没有风，浓烟呈云柱形笔直上升，不久，头部便像蘑菇那样呈伞状打开了。

然后，它在空中弥漫开来，一直压向佐纪雄所站立的上空。

月亮挂在与向西流动的浓烟相反的东侧上空。烟雾边缘与月光在空中的相交之处，漂浮着微明的雾流。

佐纪雄感到，从厚厚云层的裂缝中露出的混沌光云中，像有某种恐怖将要落下来。

正在此时，弘子的手轻轻触碰到佐纪雄的肩头。

一时间，佐纪雄将女人身上的香气误认为火山喷发时的气味。他就是如此敞开心扉地眺望火山喷发的。

佐纪雄吓了一跳，肩膀颤抖了。他发现弘子的体味竟被吸进了自己体内的深处。

“真可怕。”弘子说着，稍稍向他靠近。

“嗯，不可怕。”佐纪雄觉得自己的声音有点走调，低下了头。

广阔而茂密的杂树林传来了野鸡的尖叫声。林中只漏下一丁点儿的月光，树下的泥地是阴暗的。

佐纪雄仰望天空。

“好可怕呀。”弘子再次轻声嘀咕。

黑色的烟云宛如一张不吉利的大幕遮住月亮，垂落了下来。

“不怕。”佐纪雄冷淡地回答。

“是吗？听说佐纪雄喜欢看火山喷发？”

“谈不上什么喜欢。”

“哟，刚才你妈妈还这么说来着。她笑着说，又跑出去了，一个怪人！”

弘子像是在对一个孩子说话，但她的话音酷似冲着相爱的人说话时的声调。弘子也被喷发吸引了，同时，这种自己也不曾意识到的恐惧还使她变得分外妖艳。

佐纪雄缄默不语。

弘子小姑娘般甜美的声调沁入佐纪雄的心灵。突然，他感到悲从中来，回想起孩提时代的某些事情。

弘子用搁在佐纪雄肩上的手指做了个信号：“进屋吧。”

“好的。”佐纪雄并未挪步。

“就这么老看下去？相当感兴趣啊。”

不过，弘子也并不着急，平静地说：“佐纪雄的妈妈说得太不对了。”她笑了笑，接着说：“她朝我看了一会儿，感叹道，你晒得真黑。要是你妈还在，今年是不会让你去打网球的。她是在说我妈妈。所以我才来到这里。你妈妈大吃一惊，好像自己讲了不合适的话……是我不应该跑出来的，真是不好意思，请一起回屋吧。”

“你妈妈何时离世的？”

“我妈妈？”弘子像是用放在佐纪雄肩上的手指作答，“我七岁的时候，上小学那年。我是大月生的。”

佐纪雄能够直接感受到弘子手指的柔软，肩部那地方在发热。

而且，现在只在夏天的内衣外穿了一件衬衣而已，他觉得自己的肩胛骨碰到了弘子的手指，不禁脸上发起烧来。

“我说的话，难道对佐纪雄的父母来说就那么意外吗？”弘子喃喃自语。

佐纪雄没有回答，也无法回答。若要作答，他必须摈弃自己少年的羞耻心。

“他们都吃惊不小，好像我不是来跟你说话的。”

佐纪雄依旧沉默，就在他对弘子产生一点愤怒的时候，传来了“乓乓乓”的敲打铁皮屋顶的声音，像是大颗的冰雹落下，但那声音却比冰雹更显孤独、虚幻。

“哟，哟！”弘子吓得抱住佐纪雄的肩膀。

“唉，真讨厌，怎么搞的。”

声音突然响起来，小石子从屋顶上滚落，砸在杂树林的树叶上。

“危险！佐纪雄。”弘子想往后退却，可佐纪雄反其道而行之。

“嗯嗯，没关系。是大颗粒的火山砂吧。”

“砂？哪里是砂子，是石头！”

“嗯，这样大小的还是称作火山砂，只要小于三毫米的就叫火山砂。”

“是吗！”弘子呆若木鸡。

屋顶上、树林里，一种惊慌失措的不安感在逼近。坠落物的声音不规则，更令人恐惧。

弘子紧张得缩成一团。

“佐纪雄，佐纪雄！”母亲的呼唤声传来。

“佐纪雄！”弘子喊声颤抖，一只手臂搭在他的肩上，身子向后倒去。“不行，真的不行！”

“没事儿！”佐纪雄使劲挣脱。

“啊！”弘子一个趔趄，“真是个怪人。”

她站在稍后的地方盯着佐纪雄的脸。

“哟，佐纪雄！你在哭吗？怎么啦？”

转眼间，佐纪雄失去控制的泪水顺着脸颊流下来。

弘子又把手搭在他的肩上。“怎么啦？对不起，是我不好吧？”

“不是的。”

“那又是为什么？”

佐纪雄自己也闹不明白，他甚至不知道自己在流泪。

莫不是一听到小石子落在屋顶上的声音，某种支撑他的东西就瞬间消失了？

弘子完全没想到佐纪雄的眼里噙满泪水，只觉得一股纯粹少年的气息扑面而来。

然而，她又觉得这是十五六岁的小男孩令人讨嫌的任性造成的。

弘子感觉到沉重的负担，靠近佐纪雄站立着。

“灰尘掉落了。”佐纪雄说。

火山灰“沙——”地静静地落在树叶上。

小石子的声音又变得稀稀落落的。

“是的，火山灰下来了，不要紧了。”

“嗯。”

“佐纪雄也不要紧吗？”

佐纪雄没正面回答。他抬头仰望着天空，说：“灰飘到很远的地方去了。”

灰色的浓雾沉重、浑浊，皓月当空的夜晚反而令人讨厌地变得昏暗，但他们俩还是侧耳倾听着火山灰降落到树林时的声音。

“沙沙的，真好听。”弘子小声说着，注视着佐纪雄的脸，“好吧，我回去了，不哭了吧？”

佐纪雄默不作声。

弘子站在窗外向佐纪雄的父母打招呼。

母亲跑到阳台上，一个劲地挽留她到火山灰停止降落后再走。

“妈妈，拿把伞！”

“好啊。”母亲叫女佣拿出伞来。

“妈妈，再拿一把。”

“对呀，佐纪雄，你去送送她！”

“不，行了。没关系的，大婶。”弘子说着，来到杂树林的空地上，走下山坡。

佐纪雄从后面追上去。

听到脚步声，弘子在一棵大核桃树下站定等待。

“谢谢你，一起走到镇上吧。”她把伞撑在佐纪雄的头顶。“我不要打伞。”

“我有伞。”

“行啦。”

“那我来拿。”

“是吗？”

弘子把伞交给佐纪雄。

“去年夏季火山大喷发的时候，我把这伞倒过来放在院子里。”

“是为了承接火山灰吗？”

“是的，铅桶里的积灰竟达到三分之一。”

边走边谈之时，弘子又轻轻地抱住了佐纪雄的肩头。

两人共撑一把伞，虽然这样走比较方便，可佐纪雄又不再吱声了。

弘子温柔地问道：“你怎么了？还感到悲伤吗？”

从林间小道渡过小桥，稍宽的道路上洒满朦胧的月光。

“弘子为什么要去嫁人呢？”佐纪雄语速很快地问。

弘子一惊，明朗地笑起来。

“哟，我出嫁，你觉得不可思议？”

“嫁到一个不熟悉的人家去啊。”佐纪雄一吐为快，话音颤抖地继续说，“喜欢弘子的人太多了……我是知道的！”

“要去一个不熟悉的人家啊。”弘子歌唱似的鹦鹉学舌，“就是嘛！”

“我真是百思不得其解啊。”佐纪雄愤愤不平，耸起肩来，挣脱了弘子的搂抱。

他觉得实在难以允许一个待嫁的女人泰然自若地抱住自己的肩头。

（一九四〇年）

岁暮

一

又逢岁暮，亡友之妻在何处。

加岛泉太嘀咕地吟着像是俳句的句子。他并不是要朗诵俳句，只是很自然地道出了这时的想法。

泉太很少去读别人所作的俳句，自己创作就更少了，因而他无法判断这一句是否能成为俳句。

究竟是“何方”“何所”好呢，还是“何处”好？他很犹豫，只是一开始就吟作“何处”，便觉得“何处”更接近现代国语，且较少矫饰。

泉太将此句随意地写在色纸上，在“何处”一词的旁边又写上“何方”“何所”，让三个词并列，拿给女儿泰子看。

“这几个词哪个好？”

泰子接过色纸，看了看父亲的脸，又把目光落在色纸上，轻声念道：

“又逢岁暮，亡友之妻在何处。”

“在何方……在何所……”

“你能再念一遍吗？”

“再念一遍？又逢岁暮，亡友之妻在何处。又逢岁暮，亡友之妻在何方。又逢岁暮，亡友之妻在何所。”

泉太瞑目静听。

就这样，他沉默了一阵。

“到底哪个词好呀？”这一次是泰子催问了。

“嗯？”

对泉太来说，三个词用哪个都行。本来，俳句对他来说并不是大问题，他是想听女儿的声音。

一周之前，泰子从婆家回来时，泉太听到女儿的声音感到惊讶，这种感觉颇难说明。

间隔一段时间听到女儿的声音——八九个月前还是朝朝暮暮听惯的、理应总是在泉太家的声音——泉太好像有一种觉醒的感觉。与其说这是见到亲生闺女的亲切感，毋宁说这是他自己的一种心绪，好似平时一直埋藏在心中的植物突然绽开了花朵一样。这是一种令人喜悦的惊奇。

其实倒也并不是什么值得惊喜的事情，泰子打算与丈夫分手，才逃回娘家来的。

泉太作为父亲，当然感到困惑。

不过，他听到女儿的声音觉得惊讶则是生理性的反应。

泰子的脸颊瘦削了，眼白发青，下眼睑在颤抖。

她的笑脸与出嫁之前并无区别，只是强作微笑时，洁白的牙齿映入泉太的眼帘，令他感到不胜同情。

泉太甚至决定尽量不去看女儿。

尽管如此，女儿的声音还是使泉太喜悦，他自己可能尚未意识到，恰似渴望已久的东西得到了满足。

说起来，女儿的声音会使他产生这般感受倒并不是头一回，女儿出嫁之后从外面打来投币电话的时候就感觉到了。

那一次，泉太听到女儿的声音感到意外，便问了些无关紧要的话来拖长交谈的时间。

“我只拿了一枚五分的硬币，可以挂断吗？”泰子问。

“怎么不多准备一些？你应该带两三枚才对。”

“哟……是的，爸爸……”

电话断了。

泉太露出了微笑，他忽然想起妻子年轻时的声音。

他慌了神，面色尴尬。

通过自己的女儿想起老婆的年轻时代，真是有负于这把年纪，然而事情还不仅仅如此。

泰子与她的母亲纲子极为相像，声音也一样，与她俩共同生活的泉太倒是要设法寻找两人的不同点。别人指出这一点时，他也有同感，不过这样说的人太多，多少使他感到不快，也觉得不好意思。

她俩声音这么相像，泉太也完全承认。

纲子比年龄显得年轻，尤其是她的声音，过了四十岁仍一点不显老，甚至叫人觉得不自然。“越过纸槅门听上去，她的声音与泰子活像姐妹。”别人也这么说。

纲子年轻的声音有时会使泉太感到腼腆。

因此，当他在投币电话中听到泰子的声音时，便想起纲子过去的声音也就不奇怪了。不过，泰子在家的时候，他未曾有过这种感觉，也许不能说完全没有，抑或是一直在泰子身上看到年轻的纲子面影的缘故。话虽这么说，可在家时的泰子宛如便服，而电话中的她却好像一件出访做客时穿的礼服。

大女儿泰子出嫁之后，泉太观察妙龄女郎的视线发生了一些变化。

在街头漫步时看到姑娘的背影，他会惊奇地说：

“哎，那不是泰子吗？”

说着还加快了脚步。

“不是，不是的！”

纲子断然否定。

泉太被说得哑口无言，却还是固执地追上姑娘。纲子很不服气地从后面跟上来说：

“真讨厌，这不明摆着不是嘛。”

“不过，这真是一位好姑娘啊！”

“是呀！”纲子好像并不起劲，“再好的姑娘，也不可能到我们家来……由她去吧。”

“女人呀，可真是薄情！”

“你才是个想不开的人哪！如此恋恋不舍，又何必把女儿嫁出去呢……”

“谈不上恋恋不舍。”

看来到底还是做母亲的想得开。女儿已是离开自己身边的人，如今正在婆家追求幸福。也就是说，这是现实。

而泉太呢，确有某种不甚确切、脱离实际的紧随女儿而去的留恋，总也无法摆脱。

在街上遇到别的姑娘，就会想，这么好的姑娘难道又要去嫁人？

因为会想起自己的女儿，才会去注意别的姑娘。不过，还不仅仅如此。他觉得自己未必不能当这样的好姑娘的恋爱对象，这种与年龄不相符的卑劣根性也暗暗抬起头来。

这也许是对泰子留恋的一种变形。

可是，把女儿嫁出门当媳妇后，泉太有一种如释重负的解放感，觉得很轻松，又觉得没了依靠。他广泛地注意观察别的姑娘，想到了与年轻女人的奇妙的爱。

青春的气息仿佛又隐隐约约地再现了。

由女儿在电话中的声音想到老婆年轻的时候，也是上述缘故吧。

难道这就是嫁出闺女后的父亲们的一般心理吗？

或者，因为泉太是一位艺术家才有这种特殊的心理？

泉太作为剧作家，在泰子尚未出嫁的时候，就让她朗读过自己作品中年轻妇女的台词，有拗口的地方再重写。此外，他还向女儿打听年轻姑娘们用的新词，将它们写进作品。

请女儿读俳句的时候，泉太想起了这些事。

他觉得这些剧中的人物如今仿佛已成了现实生活中的人在某处生活。

这大概也是久违的女儿声音的力量吧。

二

泉太在新的色纸上，再次写上俳句。

他还是写了“何处”，用“何方”也罢，“何所”也罢，总觉得不成句，而“妻在何处”又很死板，“岁暮”一词呢，则显得平庸。

定睛再看，还是俳句本身太令人腻味，加上毛笔字又差劲、矫饰，叫人乏味。

成不了就别做，泉太想着，产生了厌恶。

首先，这类俳句不能成为商品。

泉太是在为报社写色纸。报社在岁暮时，于百货店举办名士字幅和诗签现场出售会，把货款捐助出去，这是每年例行的，还会向穷人发送正月年糕。

泉太捐赠字幅，也成了多年来的习惯。

又逢岁暮，亡友之妻在何处。

这等不吉利的俳句是不会有人求购的吧。

本来只要写上一两张就可以，出版社送来的色纸多了，于是俳句居然成了胡乱涂写之物。

这句俳句中的“亡友”是复数，那么其“妻”理所当然也是复数。然而，泉太确实是针对一个女人写下的。

这位妇女乃是热心的读者，大约十年来，一直在购买泉太的字幅。

她第一次写信来说买了泉太的字幅时，自称“女学生”，泉太觉得有点奇妙，啼笑皆非。她少女气十足地写道，在会场购买的时候，心中怦怦直跳，回家后欣赏时，仍然心跳得厉害。

泉太没有回信。

第二年岁末，她又来信说买了泉太的字幅。据说她担心泉太的作品被人买走，在会场开门前就久久地在门口等待。这一次，泉太给了回信，说其实不必这样，如果想要字幅，要多少都可以为她写。他记得那位妇女的名字叫作木曾千代子。

第三年春天，千代子来信说，她从女子学校毕业了。

当年，也就是第三年的年末，千代子又来信说，买好了泉太的字幅。

她在信上还说，想上泉太这儿来玩，但是总没见她来过。

她终于来了，那是夏天。身穿凉爽的小千谷的绉绸衫，系着有蓟花花纹的腰带，虽然朴素，却是位小巧、可爱的姑娘。

泉太有一种受骗的感觉，这样的小姑娘居然是自己剧本的热心读者，完全出乎意料。他感到沮丧。

“你可别再读我写的东西了！”泉太生硬地说。

“为什么？”

“对你没好处……”

“是吗？不过，读可是我的自由呀。”

“自由？不过，我这是认认真真地说的真心话。”

即使有些虚张声势，仍不自然。既然作品公开发表了，那谁要读都是自由的，然而泉太无法简单地相信自己的作品对社会上多数人是有益的。他对自己并不是没有这种道德上的苛责。当一位读者出现的时候，当千代子就在眼前的时候，平时就有的想法终于爆发了。

泉太的剧本是阴郁的、残忍的。

“你喜欢杀人故事吗?”泉太一吐为快似的说着笑了。

千代子不知如何回答是好，望着泉太的脸反问：

“您喜欢吗?”

她微笑着，那看上去长长的睫毛也可爱地绽开了微笑。她的脸圆圆的，眼睑处老在动。

泉太的剧本中杀人的情节很多，当然，他对杀人并不感兴趣，他是把杀人当作人类最大的罪恶而憎恨的。

泉太的目的是通过描写这种最大的罪恶，来引出与此截然相反的人类憧憬最高美德的心灵。

因此，剧中没有坏人出场。

泉太的剧本难得由话剧团上演时，也被解释为好人剧。但是，扮演杀人者的演员带着这一角色是好人的先入为主的观念演戏，实在使泉太不服。虽然自己是好人，但因为事出无奈和突发因素的冲动，或者是失去理智的疯狂而杀人，本身就是冒犯苍天的事。要是都把自己想作是好人而犯罪，这不显得浅薄吗?如此，演技会流于肤浅。

泉太虽然把别人都当作好人看待，但把自己看成是一个莫名其妙的人。

他不会写坏人，也可以说他没有写的本领。

生性宽厚，将近五十岁还无法摆脱儿女之情的泉太，有时为了向自己挑战，特地把人物写得残忍，写得堕落。

像泉太这样安于社会良好习俗的老者，最终是无法登上艺术的险峻巅峰的。泉太是想一边鞭挞剧中的人物，一边鞭挞自己，抑或是颠倒其关系。

有的评论家说泉太是冷酷的作家。遇到这种批评的时候，泉太总是以自己内心深处温情的目光眺望艺术的远方。

此外，还有的人批评说，理应充满厌恶感去写的作品，作者竟充满爱意去写。是吗？泉太露出意外的神色，倒并无不悦。不过，他立即醒悟，知道自己是爱憎感均不强烈的废物。这种想法深深地压向心口，还是无法感到欢欣。

不过，有一点是可以肯定的，他给予自己的作品人物的爱，恰似不为人知的单相思一样，是经常暗暗付出的。

泉太习惯让出场人物的境遇、性格尽量有别于自己，他从未写过私小说风格的剧本。撇开所有剧中人物都是作者分身的想法，泉太若是写那些生活中的男女强者，便一如为自己卑微的生活悲呼一样。

因此，泉太的剧本完全不同于他贫瘠的生活状况。尽管风格阴郁，却是色彩斑斓、绚丽多姿的。情节起伏跌宕，人物命运大起大落。也许这就是多少会产生一些忠实读者和观众的原因。

泉太希望这种乍一看印象强烈的戏剧尽量演得心平气和，甚至，大部分台词他都写得难以高声吆喝。

不过，无论怎么说，千代子作为泉太剧本的读者，总是不合适的。

那么，如果被问到什么样的人才合适呢，泉太也答不上来。他心中总是有一种矛盾，最好谁也别读自己的作品。他还是认为千代子读这类东西特不合适。

泉太与千代子面对面地坐着也觉得挺不自在。

他感到自己的作品好像尽在给这样的小姑娘注入毒汁，而且实在搞不懂这种毒汁怎么会渗入如此可爱的姑娘的心灵。

记得泉太的女儿泰子还是小学生的时候，他曾经苦笑着对妻子说：

“等到咱们的女儿长到妙龄时，我大概不能写怪剧本了吧。”

泰子已经到了只要拿到小说就读的年龄，能不能让她读呢？泉太难以做出有自信的判断。总之这类书籍家中到处都是，现在再来禁止几乎已不可能，于是泉太对泰子的滥读采取睁一眼闭一眼的态度。在文人好友聚会时，他讲了这件事，也打听了朋友孩子的情况，听取了他们家长的意见。他觉得女儿要是打算当作家可不好办，而且作为家长，要考虑到自己的作品女儿要看这一点之后才能落笔。他发现，迄今为止，对老婆读自己的作品很不介意也是令人奇怪的。每次泰子阅读泉太的作品时，他闯进去后，总会慌忙地又走出屋来，泰子也闹个脸红。发现父亲是一个阴郁、残忍的作家，年幼的泰子会怎么想呢？

泉太对自己走过的道路感到愕然与空虚。自己所写的悲剧，由茅草人在舞台上耸肩张臂，甩动破衣袖起舞，仅此而已。茅草人就是作者的形象，在想象着有观众的观众席上，只有秋冬季的大风在萧瑟地用力吹着。

“只会刮大风啊！”

泉太嘟哝着，学着刮大风的样子，呼呼地吹起同一张床上泰子额前的头发来。

自从妹妹明子出生以来，泰子就和父亲一起睡，这种陪睡的习惯还在继续。

泰子的刘海被泉太一吹便立起来，倒了下去后分成两瓣，露出了额头。

这位可悲的作家，把父亲吹动女儿刘海的微弱、温馨的气息认作刮过人生荒野的大风。颇有野心的泉太的工作，也像大风。

泰子熟睡着。

泉太不停地吹。

“你在干什么呀？不能停吗？”

隔壁床上的纲子说话了。

“是啊，这孩子出嫁后，还会穿着睡衣入睡吗？”

“傻话！”

“不穿睡衣，胸口敞开会得感冒，落下坏毛病的！”

泉太想，自己为这个社会造就的生物只有这两个孩子，剧本嘛，那是死的东西。

他想写一些可以让自己女儿阅读的东西，可不知为什么感到不胜悲伤。

泰子和别人家的姑娘千代子不同，对千代子，他不感到悲伤。

但是，不愿让自己的作品去毒害女儿这一点却是相同的。

如果不客气地说，就是：“我的剧本到底哪里好，真不知道你的存在究竟有什么好处！”

泉太会顺嘴说出这种奇妙的话。

因为是人，说不定千代子的心中也有某种恶魔在盘踞，它正伸出红通通的舌头，在舔泉太的剧本呢！

此外，也许可爱的姑娘反而爱读可憎的作品。

一如泉太怒不可遏地写作那样，千代子喜欢不适合她的剧本吧。

千代子穿着紧身的麻绉绸衫，袖子紧撑着。泉太怕热，正在擦汗，而千代子一点儿出汗的迹象都没有。

她的嘴唇如同花蕾，好似精工细雕的工艺品。无疑是脸上一种道具的嘴唇，清晰地浮现出来，像花木上最早出现的花蕾一样。而且，她还是一位如同被胳膊紧紧勾拢般的小个子，一位圆滚滚的姑娘。

“唉，她已经从女子学校毕业了吗？”纲子目送着她的背影吃惊地说，“那腰带真是太素了。”

“她那种人要是穿姑娘的花哨衣服，就太像玩具，不自然了。”

“也许吧。”

后来千代子又来过两三次，纲子也觉得她可爱，并喜欢上了她。

终于，泉太一不小心就会凝视她的嘴唇。

第四年的岁暮，千代子又买了泉太的字幅，第五年也买了。泉太为此感到不忍，于是对她说：还是到我家来，你要什么我就写什么。

“但不买的话就显得寂寞，每年我要购买的先生的字幅，会在会场里等着我的。”千代子这样回答。

这话在泉太听来，非常温柔。

第五次买了字幅之后，千代子和她的母亲一起来访，说是要结婚了。泉太好像一下子被卷走了一条腿一样。

妙龄姑娘何时结婚本来不是什么不可思议的事，但泉太还是感到意外。

母亲说：“千代子很害臊，没法对您说，拖着我陪她一起来。同时，我也想顺便对您长期关照我女儿表示谢意。”母亲说话时，千代子低着头，连眼睫毛都含着微笑，脸上微泛红晕，不过并不十分腼腆，看上去充满喜悦。

“那请你不要再买我的字幅了吧！”泉太说。

“咦，那是为什么？”千代子抬起头，注视着泉太，“请允许我再买。”

“不，请不要再买。作为告别，我给你写上一幅吧。”

泉太在某家报社送来的宣纸上写下：

朝闻道夕死可矣。

“这是《论语》中的话。”

千代子点头，说：“我在女子学校的汉文课上学过。”

泉太没写过大字，因而更显拙劣，看着都觉得可怜。

因为他没有下功夫练过大字。

沉默片刻后，泉太结结巴巴地说：

“是这样，请你把‘闻道’一词理解为‘爱夫’，因为我无法写上‘爱夫’。”

“嗯。”千代子茫然。

“哎，是呀！千代子，你得到了一句妙言……”母亲附和着说。

但是，泉太在这句话里表达了自己的悔恨。

也就是说，这是一种怀着倘若早晨能爱上千代子，傍晚便可去死的心态与千代子交往至今的悔恨。听到千代子要结婚，他更表现出惊讶和痛悔。

泉太的一生，就是这种悔恨的持续和堆积。

这种悔恨宛如厚厚积雪覆盖的冰冻的原野，宛如落地枯叶堆积后腐烂的树林，这就是泉太的内心写照。

尽管泉太的愿望是竭尽全力地去爱当时邂逅的一切，竭尽全力地过好每一天，不要留下悔恨，然而，他还是虚度了时光。

这一《论语》中的语句，有着泉太的实感，那是来自他多年的经验和悔恨的结晶。

“与人相见的时候应该尽量热情相待，也许什么时候又会分离，也许会无法再见。”

泉太这句话是说给妻子听的。

话是平凡的，却映入了泉太过去经历的感慨。

而且，平凡的事又不易做到。

要说他是爱上了千代子，这是稳妥的，然而这是心中的事，也就是说，在他随随便便地与千代子交往的岁月中，泉太并没有过得很好。

“小姐要结婚，我却写了‘死’字，看上去是不吉利的，不过，这是表现精神准备的词，意即竭尽全力、全心全意……意即活得无悔……”泉太说。

此刻，泉太除了希望千代子像那样去爱她的丈夫外，别无他求。

这么一来，千代子也就是去教泉太相爱的，她在强调了不吝惜爱的爱情之后，离他而去。

到了第六年的岁暮，泉太不想再写字幅了。失去了千代子这一主顾，他感到奇妙的寂寞。

然而，千代子还是来买了，第七年她也买了字幅。

在下一年，千代子的丈夫战死了，她已生有一个孩子。

不久，千代子便不再给泉太写信，断了音讯。

泉太不知道千代子是否还在购买每年岁暮的字幅。

然而，每当书写岁暮字幅的时候，泉太就会理所当然地想起千代子。

又逢岁暮，亡友之妻在何处。

这幅字若是送去报社，在会场上让千代子看见，她又会怎么想呢?

千代子的丈夫谈不上是泉太的“亡友”，他只是由千代子领着，到泉太家来过两三次而已。

泉太是因为想起千代子，进而想起好几位“亡友之妻”。

如今，她们在哪儿呢?连一点儿踪迹都不知的“亡友之妻”也很少了。

茫茫的人生思绪，在泉太的脑中涌流。

（一九四〇年）

重逢

厚木祐三战败后的生活，好像是从与富士子的重逢开始的，或者应该说，比起与富士子的重逢，说是他与自己的重逢更加确切。

“啊，总算还活着。”祐三见到富士子的时候，不由得感到一惊。他既不悲哀，也不喜悦，只是感到单纯的惊讶。

刚看到富士子时，无法辨别那是人体还是物体。他是在与过去的自己相逢。往昔虽以富士子的形体出现在自己的眼前，可祐三却觉得那只是抽象的过去。

然而，过去以富士子这一具象重现，或许只是眼前的瞬间吧。在自己跟前，过去与现在居然联系在了一起，这使祐三着实感到惊异。

眼下，对于祐三而言，在过去与现在之间横亘着一场战争。

祐三在不明所以之中所产生的惊讶，当然是因为这场战争。

原本应该被战争埋没的东西竟然重现了，所以祐三才感到惊愕。那场杀戮、破坏的浪潮，居然连男女之间的小小私情都无法毁灭。

祐三看到还活着的富士子，如同看到尚幸存人间的自己。

他已经与富士子不留遗憾地诀别，与自己的过去诀别。原以为自己早已忘却这两桩事，即使在战乱中，老天赋予人的生命，毕竟只有一次。

祐三与富士子的重逢是在日本投降的两个月后。那时，时间的概念几乎完全丧失，国家与个人的过去、现在与将来全都解体，变得支离破碎。许多人都在错乱的漩涡中载沉载浮地挣扎着。

祐三在镰仓站下了车，抬头看到若宫大街上一排高高的松树，意识到从树梢上逝去的时间是和谐的。在遭受战争贻害的东京，人们对于这种自然景象常常视而不见。战争中，各地的松树都在枯死，就像是国家的不祥病兆，可是这儿的行道树却大都存活下来。

有一位住在镰仓的朋友发来明信片，说是鹤冈的八幡宫要举办“文墨祭”，祐三就是为此而来的。这次庆典源于源实朝[1]的文治，也意味着战神已经改变了社会。这是一个和平的庆典，前来参加的人已不会再祈愿武运长久和战争胜利了。

来到神社事务处跟前，祐三看到一群身穿长袖和服的少

---

1 源实朝（1192—1219），日本镰仓幕府的第三代将军，赖朝的次子。擅长写和歌，著有《金槐和歌集》。

女，不觉眼前一亮。当时的人们尚未脱下防空服和罹灾者的服装，因此长袖和服这样的盛装就显得色彩异样了。

当地的驻军也应邀参加节日庆典，和服少女就是为美国大兵端茶送水的。这些驻军登陆日本以后，或许还是首次见到和服，新奇得连连拍照留念。

要说两三年之前还保持着这样的穿着风俗，祐三是无法相信的。他被人引进露天茶座的时候，不由得赞叹起来：在周边还是一片灰暗可怜的褴褛服装时，少女们的服装显得大胆极了。在华美盛装的映衬之下，她们的神情、举止也显得格外光彩，好似一下子唤醒了祐三。

茶座设在树林子里，在神社常见的白木长条桌边，美军大兵规规矩矩地并排坐着，露出一副天真好奇的神情。一位十岁前后的小姑娘为他们端来淡茶，她那像模特一样的服装与举止，使祐三想起旧古装戏中的童角。

年龄大一些的姑娘，身上长长的衣袖和隆起的腰带，明显让人觉得同当今的时代不合。这些健康的良家姑娘像这样穿上和服，反而使人产生出一种奇妙的哀怜情趣。

和服的色彩和图案竟然搞得如此花哨，未免有些俗恶粗野。祐三不禁回想起战前的和服，没想到裁缝的工艺和穿着者的情趣居然堕落至此。

与后来看到的舞蹈服装相比较，这种感受就更加强烈了。神社的舞殿上正在上演舞蹈节目，古色古香的舞蹈服装是特制的，而少女们身上的和服却是日常的。因此，她们的和服盛装似乎就有了观赏的价值。她们不但表现了战前的风俗，连女性的生理特征都表现得彻底。舞蹈服装的品质上乘，颜色沉稳。

浦安舞、狮子舞、静夫人[1]舞、元禄赏花舞——这些业已逝去的日本的风姿，宛如笛声，流入了祐三的心田。

招待座席分设在左右两侧，一侧是外国驻军，另一侧则是祐三等来宾。他们所坐的西侧上方被一棵大银杏树覆盖着，银杏叶已经有些泛黄了。

普通观众席上的孩子们朝招待席上涌来。在孩子们身上寒碜服装的衬托下，姑娘们所穿的长袖和服简直成了泥沼中的鲜花。

斜阳透过杉树林的树梢，照射在舞殿红色柱子的柱脚上。

在元禄赏花舞的表演中，一个艺妓从舞殿的台阶上走下来，与幽会的男人依依惜别。她的长裙下摆拖曳在细沙地上。祐三见此情景，猝然感到心头涌起一阵哀愁。

---

1 静夫人为源义经的爱妾，原先为京都的白拍子（艺妓）。母亲是矶禅师。其舞蹈为镰仓赖朝夫妇所期许。

棉质和服明显露出浑圆的下摆和色泽浓艳的丝绸衬里，华丽的内衣依稀可见，那下摆就像日本美女的肌肤，又如她们娇媚风情的命运。下摆从泥地上被拖曳而过，令人倍感痛惜和凄美，漾出一缕奢华又怜悯的哀愁。

祐三觉得，神社的院内，好似一道幽静的金屏风。

也许因为静夫人舞是中世纪的，而元禄赏花舞是近世代的，在战败后不久的今日，祐三简直无法抵御眼前舞姿散发的魅力。

就在祐三紧盯着舞姿不放时，视线中出现了富士子的面容。

祐三猛然一惊，刹那间竟恍惚起来。他的内心在戒备：遇见她可要尴尬了，但是，又并没有意识到她是个活人，抑或是一件对己有害的物体，所以并不想马上转移自己的视线。

先前看到舞衣下摆处引发的伤感，在看到富士子的时候立刻消失得无影无踪。这倒并不是因为富士子给人多么强烈的印象。那就像一个昏迷者恢复了意识后所见到的第一个物体，又像是生命和时光的流水交汇处的一点漂浮物。在祐三的心灵缝隙处，一股肉体的温馨感、一种好似与自己身上一部分邂逅时的亲密感油然而生。

富士子的脸茫然地追逐着表演者的舞姿，并没有发现祐三。祐三看见了富士子，她却没有看见祐三，这使祐三感到奇怪。更叫人奇怪的是，两人相隔不过十米，在这段时间里竟然谁也没看见谁。

祐三毫无顾忌地忽然离席而去，或许是因为富士子那副浑然无神、恍惚昏聩的表情。

祐三突然伸出手搁在富士子的背上，那气势仿佛是要唤醒一个昏迷者。

“啊。”

富士子好像就要慢慢地瘫倒下去，忽然又一下挺身站直，浑身瑟瑟颤抖，以至于传感到祐三的手臂上。

“你一直都平安无事吗？哦，吓了我一跳，别来无恙吧？”

富士子僵直地站立着，可祐三还是觉得她像是要靠向自己寻求拥抱似的。

“你在什么地方？”

“你问什么？”

她好像在问在什么地方看舞蹈表演，也好像在问分手之后的战争期间待在哪儿。而祐三眼下听到的只是富士子的声音。

相隔数年，祐三还是第一次听到她的声音。他已经忘记自己是在人群之中与富士子邂逅的。

祐三见到富士子时那种兴奋的活力，又从她那儿逆袭过来。

刚才祐三还在告诫自己，与这种女人的重逢，无论是在道德层面上还是在生活层面上，都会发生纠葛。可就像人们常说的，不是冤家不聚首。此刻，祐三宛如越过了一道鸿沟，再次捡回了富士子。

所谓现实，好像就是在彼岸那纯粹世界中的行动，也是摆脱束缚的纯粹的现象。往昔竟然会突然变成现实，祐三还从未经历过。

他做梦也不曾想到，与富士子还会有再度品味那种新婚之夜的感受。

富士子对于祐三丝毫没有嗔责的样子。

“你还是老样子，一点儿也没变呀。”

“哪里，变化大了！”

“不，没有变，真的。”

富士子好像动了感情，因此祐三说：“也许是吧。”

“从那以后……你一直在干什么呢？”

“去打仗了。”祐三一吐为快。

“别瞎扯了，你哪像打过仗的样子啊。”

身边的人都嗤嗤地笑起来，富士子也笑了。那些人都不愿意打扰富士子，看到一对男女不期而遇的邂逅，谁都表情明朗，现出一番好意。在周边的氛围中，富士子忍不住撒起娇来。

祐三顿时变得腼腆，他刚才注意到的富士子身上的变化，此刻变得更加醒目了。

原先略显肥胖的富士子，如今十分消瘦。一对修长的眼睛熠熠生辉。以前她那淡淡的有点发红的眉毛，会用黑里带红的眉黛描上，现在再也没有描画了。脸上也只是略略施了点薄粉，显得憔悴、呆板。肌肤白皙，在脖颈的上方有点黯黑。她以素颜示人，从颈项直至胸骨处的曲线都蒙上了一层疲惫之色。一头细发没梳成什么好看的波浪形，脑瓜的轮廓显得小而寒碜。

唯有那一双眼睛，还在全力忍着见到祐三时的激动。

年龄的悬殊，已经不用像以前那样值得留意了。不过，对于祐三而言，安稳之中反而有不便滋生了。令人不可思议的是，年轻时的心灵震颤并没有因此而消失。

“你一点儿也没变。”富士子又说了一遍。

祐三从人群的后面出来。富士子也跟着出来，打量着他的脸。

“你夫人呢?”

“……”

“你夫人呢？她还好吗?”

“嗯。”

“太好了。孩子呢？”

“嗯。都让疏散了。”

“是吗？在哪儿？”

“在甲府的乡下。”

“是吗，你家房子怎样了？没事吧？”

“烧掉了。”

“哟。对呀，我家的也被烧掉了。”

“哦，什么地方？”

“当然是东京。”

“你始终在东京吗？”

“没办法呀。一个女人家，没有其他可去的地方呀。”

祐三打了个寒战，脚下也忽然有点踉跄。

“横下心来准备去死，管它过的是什么日子。倒也不是贪图东京的舒适，战争中不论自己的情况如何，也都无所谓了。我的身体还行，那时候，谁还有闲工夫为自己的境遇悲悯呢？”

“没回老家吗？”

“怎么回得去呢？”

她用的是反问的语调，那还不全是因为祐三吗？不过，富士子并无责怪之意，反倒像是在撒娇。

祐三不经意间竟触及了旧伤疤，不禁对自己万分懊恼。

可富士子还处在麻木之中，祐三害怕她会醒悟过来。

意识到自己的麻木不仁，祐三自己也感到惊诧。战争期间，自己对于富士子的责任和道义，全被他抛到脑后了。

当初祐三之所以能够与富士子分手，从数年的恶缘之中脱身，应该归结于战争暴力。男女之间微小的琐事所产生的良心，或许早已被抛弃在战争的洪流之中了。

富士子究竟是如何从战争这条窄巷走过来的？现在见到她，祐三虽然会不由得心跳，可富士子或许已经遗忘了对于他的怨恨。

富士子的脸上，以前那种歇斯底里式的强悍，如今已经消失殆尽了。但祐三总是不敢正视她那双湿润的眼睛。

祐三穿过招待席后面的孩子们，来到神社正前方的石阶下。在倒数第五六阶处，他坐了下来。富士子站在一边，回头望着上方的神社说："人来得并不少，但今天却没有一人是来参拜的。"

"也没有朝神社扔石头的人。"

来人们绕着舞殿，在石阶前的广场上围成了一个圆圈，连参拜的道路都有点儿拥堵。直到昨天，谁也没有料到，在八幡宫舞殿举行的庆典上，竟能让元禄时代的艺妓和美国的军乐队同时登台表演，所以参观者不论是心情还是打扮，根本没有过节的思想准备。从神社院内的杉树林下、大牌楼对面的樱花林荫路上，到高高的松树林间，到处是看热闹的人。看到这番情景，风和日丽的秋凉不觉沁人心脾。

“镰仓没遭火灾真是有幸。烧和没烧，结局大不一样。这树木、这景致，依然是一派日本情趣。小姑娘们身上的打扮，见到后真让人吃惊呀。”

“你觉得那衣裳怎么样？”

“乘坐电车时不大方便。过去我倒是穿着和服乘过电车，也在大街上走过。”富士子向下俯视着祐三，然后在一旁坐下。

“看到小姑娘穿的衣裳，让人觉得高兴，感到还是活着的好。但转念一想，要是那么浑浑噩噩地活下去，也是挺悲哀的。真不知道自己将来会怎么样。”

“我俩彼此彼此。”祐三避开她的话题。

富士子穿了一条藏青底碎白花纹的裙裤，那是用男人的旧衣服改制的。祐三想起自己也有一件与此相像的碎白花纹图案的衣物。

“夫人家眷都在甲府，就你一人在东京吗？”

“是的。”

“真的？没啥不方便吗？”

“要说不便，谁都差不多呀。”

“如此说来，我也和别人差不多吗？”

“……”

“你夫人也和别人一样，身体挺好吧？”

“嗯，大概是吧。”

“没受什么伤？”

“是的。”

“那太好了。我……在警报响起的时候，我曾想到，万一夫人遇险，我倒平安无事，那又该怎么办呢？那种情况极其偶然，太巧了。”

祐三听了心里一怔，可富士子仍然细声慢语地说道：

“我真的很担心来着。有时我也自我悲咽：自身尚且难保，为何还要惦记着你的夫人？真是犯傻，可还是放心不下。我想，等到战争结束以后，若能见到你，一定得把这份心情告诉你。我也想到，即使这样说了，你也未必信，反而会引起疑惑。不知何故，打仗那几年，我总是会忘记自己，一心为别人祈福。”

听富士子这么一说，有些事祐三自己也能够想到。极端的自我牺牲与自我中心，自我反省与自我满足，爱他与利己，道义与邪恶，麻木与兴奋，这种混乱的情绪何尝不是奇怪地交集于自己身上？

或许富士子是一方面巴望着祐三的妻子遭遇不测，一方面又在祈祷她的平安。她并没有意识到自己那一半的恶意，只是陶醉在另一半的善心之中。这恐怕源于她熬过战争时期所采用的一种生存方法吧。

富士子的说法是出于真心的，她那修长的眼角涌出了泪水。

“我觉得对你而言，夫人比我重要，所以就特别地惦念她。”

富士子固执地讲着夫人的事情，祐三也不免想起妻子的境况。

可是，这里又生出新的疑惑。祐三与家里人从来没像战争年代那样一心一意地紧密联系过。他深爱着自己的妻子，几乎忘掉了富士子，妻子成了他生命的另一半。

然而，这次一见到富士子，祐三觉得仿佛与自己重逢了。而要回想起妻子，是否还需要有一番努力，要费些时间？祐三感觉到自己心灵上的疲惫，觉得自己就像是带着雌性在四处彷徨的动物。

“能见到你，我一下子不知道该求你点什么了。”

富士子的口气有点像要缠上祐三似的。

“哎，我拜托你。你听我说，不然我生气了。”

“……”

“我说，你养活我吧。”

“说什么呀，养活你？”

“不要多少时间的，我会老老实实的，绝不给你添麻烦。”

祐三终于板起面孔注视着富士子。

“你现在是怎么过日子的？”

“总不至于无法糊口。我的意思不是这个，我想要改变自己的生活，希望从你的地方开始。”

“哪儿是什么开始，这不又倒回去了？”

“不是倒回去，你只要给我加把劲儿就行。到时，我一定会离开你的……这样下去可不行，我会毁了自己的。你就帮我一把吧。”

祐三听不出她的话语中有多少真心，好像是个巧妙的陷阱，又好像是在抱怨。在战乱的时代被遗弃的女人，难道战后想从祐三这儿汲取生存的力量，重新振作起来吗？

祐三没有料到，偶遇昔日的情妇，竟会让一种生命感得以复苏。难道是富士子看透了自己的这个弱点吗？不用富士子明言，祐三自己也觉得，心中与她已情牵于一线。祐三的心情变得黯淡：难道要从罪孽和悖德中恢复自己的生存吗？他惨然地低下了头。

人群中传来了掌声，外国的军乐队入场了。头戴钢盔的大兵散漫地走上舞台，共有二十人左右。

在管弦乐的第一声齐齐吹响的瞬间，祐三一下子挺起胸，豁然清醒，脑海里的云翳被一扫而光。管乐声清脆嘹亮，宛若崭新的软鞭子抽打在自己的身上。听众的脸上也焕发出勃勃的生机。

此刻，祐三对美国也颇感惊异，这是一个何等明朗的国度呀。

在这种鲜明感受的鼓舞之下，祐三变得豪爽和单纯，对于富士子这位女性也变得大度了。

电车开过横滨，景物的影子渐渐变得淡薄，仿佛被溶进了大地。黄昏之色沉沉凝滞。

很长一段时间里，废墟上不时散发着刺鼻的焦臭，现在总算没有了，然而尘土仍旧经常性地飞扬。废墟上也有了几分秋意。

看着富士子那淡淡的红色眉毛和纤细的头发，祐三蓦然想起“寒冬将至”这句话来，自己像是背上了一个麻烦的累赘。想到过去常言“厄运之年，多灾多难”，唯有苦笑而已。废墟之上也有季节推移，令人感慨不已，愈发感到无力颓唐，只能听天由命了。

原本应该在品川车站下车的，祐三故意乘过了站。

祐三已经是个四十一二岁的人了，多少领悟到人生的痛苦和悲哀终将会随着时光而消失，各种难题和纠纷也将自然地由时间来解决。不论你如何狂呼挣扎，或是如何缄默旁观，结局总归是相同的。这种事情，祐三并非没有经历过。

那么惨烈的一场战争不是也已经过去了吗？

而且比预想的还要早。不，这场战争究竟是长还是短，四年前的祐三是无法判断的，但毕竟是结束了。

正如从前在战争中遗弃了富士子那样，这一次虽然刚刚与她重逢，他的本心又何尝不想再让时间的洪流冲走富士子呢？前一次是战争的浪潮将两人吹散，从此了清了两人的缘分。“了清”这种说法曾让祐三激动不已，如今却能看出自己为人的狡诈和算计。

然而，比起“了清”所带来的陶醉，算计引发的困惑或许更道德一些。即便如此，祐三仍然觉得不对劲。

“到新桥了。”富士子提醒说，“你是到东京站吗？”

“嗯，是的。”

这时候，也许富士子想起了以前他们俩经常习惯从那一站去银座的情形。

祐三最近没去过银座，平时上班都是从品川站乘到东京站的。

祐三心不在焉地问道：“你去哪儿？”

“你问我去哪儿……你去哪儿，我就去哪儿。怎么啦？”

富士子有点不安地回答。

“不，我的意思是问你住在哪儿。”

“哪里有什么像样的地方，还说什么住处……”

“那我们都一样啊。”

“你现在要带我去的地方，就是我的住处！”

“那么，你是一直在哪儿吃饭的呢？”

“哪儿有像样的饭吃啊。”

“那配给品你又是在哪儿领取的？”

祐三看上去有点生气了。富士子看着他的脸，不吭声了。

祐三怀疑她不肯说出自己的所在地。

祐三想起刚才车过品川站时自己没有吱声的情形，就说：

“我现在寄住在朋友的家中。”

“是合住吗？”

“是合住。朋友借了一间六铺席大的房间，让我临时凑合一阵。”

“能否再收留我一个？三人同住，行吗？”

富士子一副死乞白赖的模样。

东京站的月台上，六个戴着红十字标志的护士站立着，把行李放在中间。祐三看了看前后，没看到有下车的复员士兵。

来往于品川站的时候，他经常乘坐横须贺线。在那个站上总能遇见一群群的复员士兵。既有和祐三一起从车上下来的，也有从前一辆车下车后在此排队的。

这场战争打到最后，把众多的士兵抛弃在远隔重洋的异乡，然后无人过问其生死，就宣布投降了。这样的败仗，历史上从未有过。

从南洋诸岛复员回来到达东京站的士兵，个个营养失调，濒临饿死的边缘。

每到看到这群复员士兵的时候，祐三的心中总有一种难以言喻的悲痛。他想借此来做一份诚挚的自省，试图净化自己的心灵。的确，每次看到吃了败仗的同胞，他总是垂首自惭。他们不同于东京陋巷里的街坊和电车上的乘客，好似从远处归来的纯朴的邻居，令人倍感亲切。

事实上，复员士兵们脸上的表情是很纯净的。

或许，那是久病之后的面容。疲劳、饥饿和沮丧带来的衰弱与落魄。他们的颧骨高耸，双眼深陷，皮肤呈土灰色，连显示表情的气力也没有了。也许这就是一种虚脱的状态。但是祐三又觉并不仅仅如此。战败后的日本人，或许还不像外国人所说的虚脱得那么严重。那些复员士兵的心中想来一定还有起伏的激情吧。他们吃过非人所能下咽的东西，做过非人所能做到的事情，终于活着回到了祖国。

他们身上自有一种清逸。

担架旁站着佩戴红十字的护士，有的伤病员直接躺在月台的地上。祐三差点儿一脚踩在伤病员的头上，赶紧从旁绕过。那些伤病员的目光也很清澄，毫无恶意地看着占领军士兵上下车。

有一次祐三听到有人说“very pure”[1]，不由得一惊，事后想想可能是“very poor”[2]，是自己听错了。

戴着红十字标记的护士在伤病员身边看护着，祐三觉得她们比战争中美多了。这或许是与周边做了比较，临时产生观感吧。

祐三从月台的阶梯上走下去，自然地朝八重洲方向走去，等看到通道被一群朝鲜人拥堵时，才突然想起来似的说：

“从正门出站吧，从后门走惯了，一时没留神。”说完便折了回去。

祐三常常在这儿看到等待回国的朝鲜人。由于月台上不让他们列队久等，他们就挤在了楼梯下。有的人倚靠在行李上，有的人铺上肮脏的破布和棉被，蹲坐在过道上。地上还堆着用绳子捆绑的锅子铅桶一类的行李。他们就这

1 很纯洁。

2 很可怜。

样通宵等候着。大多数人是扶老携幼的一大家子。小孩子与日本人的区别不大，其中也混有嫁给朝鲜人的日本妇女，有的身穿崭新的朝鲜服装，雪白的衣裤与粉红的上衣引人注目。

这些人是要回到新近独立的祖国去，但看上去像是在逃难，恐怕其中战争中的难民也不少吧。

从那里走到八重洲的出口处，又看到在排队买票的日本人。第二天才出售的车票前一夜就得排队。每当深夜回来路过这儿，祐三都能看到排队的人们蹲的蹲，躺的躺，前面的人便倚靠在桥栏上。桥脚下散落着粪便，那是在外过夜的人排泄的。祐三去上班时总能看到这种情形，下雨天只能绕道而行。

每天看到的光景突然从脑海里冒出来时，祐三正从正面的出站口走出来。

车站广场上的树木沙沙作响，晚霞淡淡地映射在丸大厦的侧面。

来到丸大厦的跟前，见到一位十六七岁的肮脏的姑娘。她一只手拿着细长的糨糊瓶和短铅笔，伫立在那里。她穿着一件桦木色的旧衬衫，袖子呈灰色，脚下拖着一双男人的大大的旧木屐，一副沿途乞讨的流浪儿的模样。只要有美国大兵走过，姑娘便赶紧上前招呼，但没有一个人肯正视她一眼。谁的裤子要是被她的手碰到，便会大惊小怪地俯视一下小姑娘，然后一声不吭地冷漠离去。

祐三在担心，她手上的糨糊会不会黏在别人的裤子上。

姑娘耸起一只肩膀，拖着那双大木屐，踉跄地独自穿过广场，消失在前方幽暗的车站里。

“真是造孽啊。”富士子目送着她的背影说。

“是个疯子吧。我以为是个乞丐呢。”

“最近一段时间，不知何故总能看见那种人，好像自己也快变成那种样子了，真不愿意呀！……能幸运地遇到你，就不用再担心了。毕竟还是不死的好，只有活着，才能见到你啊。”

“也只能这样想了。大地震那次，我被埋在神田倒塌的房子下面，被一根柱子压住，差点儿就完了！”

“是啊，那事我知道。你右边的腰上还有一块伤疤呢……我听你说起过。”

“唉……那时我还在读中学，日本也还没有在世界面前被当作罪人看待。地震毕竟只是天灾啊。”

“地震那年，我已经出生了吧？”

“出生了。”

“在乡下，什么也不懂。我要是将来有孩子，也要等到日本国内的情况好转后再生。”

“说什么呀……如刚才你所说的，在烈火之中，人才会变得最坚强。在这一场战争中，我遭遇的危险并没有大地震那么严重。倒是瞬间的天灾差点要了我的命。不过，近一段时间来，生孩子已变得无所谓了，什么顾虑也不必有，想生就生吧。”

“是吗？与你分手之后，我常常想，早知道你会上战场，不如和你有个孩子。能这样活着见到你……那就什么时间生都可以。”说着，富士子的肩膀就靠了过来。

“今后，所谓私生子，也不会再说了。”

“哎？”

祐三皱起眉头，像是一不留神踩空一个台阶，略微感到了晕眩。

也许富士子的话是认真的。但祐三现在发觉，先前在镰仓相遇的时候，两人之间的谈话是那么生硬、干巴和奇妙，这让他感到寒心。

他刚才就在怀疑，富士子那些下定决心的话语背后很难说没有她的盘算，但她好像尚未完全清醒就冒冒失失地委身而来了。

祐三同时感到，不论是对富士子，还是对见到她的自己，他判断事物的根基似乎都是摇晃不定的。

刚见到富士子的时候，虽然也有些现实性的盘算，生怕再陷入那段恶缘而难以自拔，但那种私利的盘算将要变成现实之时，好像又不敢实施了。

由于妻子的疏散离去，在毁灭的无序城市中到处徘徊，于这种无拘无束、自由自在的时候，他又轻而易举地捡回了富士子。但话得说回来，仿佛无法抗拒似的，祐三本能地、不由自主地把自己与富士子紧紧地拴在了一起。

这是因为祐三把自己和现实生活全都奉献给了战争，并陶醉其中，才走到了这一步。但是在八幡宫发现富士子时与自我重逢般的惊愕，在把她一路带到这儿的过程中，居然像蒙上了一层荫翳。他像是受到了一种毒害似的，心情变得沉重抑郁。

如此一来，与战前情妇的重逢，又让祐三重新套上了过去已有的刑枷。而这一段宿缘，又成了祐三对富士子的一种哀怜。

来到电车路上，祐三在踌躇究竟是去日比谷公园呢，还是去银座。公园近在眼前，于是他走进了公园的大门。可是公园的变化大得惊人，他们又转身往外走。到了银座时，夜幕已经降临。

既然富士子不肯说出住处，祐三也不便提出要去她那儿。或许她也不是一个人住。富士子也有点儿心虚的样子，并不催促祐三去要去的地方，只是耐着性子跟着一路走。

即便到了大火焚烧后的废墟，路上行人稀少，一片漆黑，她也不说害怕。祐三不免焦灼起来。

筑地一带还有些可以住人的房子，可祐三对那一带不够熟悉。于是，他漫无目的地朝歌舞伎剧场的方向走去。

祐三默默地拐进一条巷子，走到背阴处，富士子急急地紧跟了上来。

“你在那儿稍等一下。”

“不，我害怕。”

富士子站在跟他贴得很近的地方，祐三真想用手肘将她推开。

脚下到处是断砖碎瓦，难以站定。祐三面对着一堵墙壁时忽然发现，那墙壁好似一道隔扇屏风直直地立在那儿。周边房屋全都倒塌烧毁了，唯有那堵墙壁还屹立在那里。

祐三大吃一惊。黑夜里，墙壁活像一排牙齿，阴气逼人，散发着焦臭味，好似要将祐三吞噬一般。墙壁的顶端呈一条斜线被削落，伸手不见五指的黑暗压上身来。

“有一次，我想着逃回老家。也是这样的一个夜晚，在上野站排着队……哎哟，我忽然意识到什么，用手往身后一摸，衣裳上一片湿漉漉的。”富士子屏住呼吸说道，“后面的人搞脏了我的衣物。”

“哼，那家伙一定离你很近。”

"不是那么回事儿。我吓得直打哆嗦，就离开了队伍。男人啊，真叫人恶心。那阵子常有这种事发生……真吓人。"

富士子缩起肩膀蹲下身。

"那是个病人。"

"是战争难民吧。他们都拿着房子被烧的证明，然后流落到都市里来。"

祐三转过身，富士子还不想起来，说道：

"队列从车站里头一直排到外面黢黑的地方……"

"怎么样，我们走吧？"

"唉，我太疲惫了。就这样蹲着，好像会沉入黑暗的地底似的。我一大早就出来了……"看上去富士子好像闭着眼睛。祐三站在一旁俯视着她，想着富士子怕是连午饭都没有吃过吧，嘴上却说：

"那边正在盖住房呢！"

"哪里？是真的……这地方怎么能住人？怪吓人的。"

"或许已经有人住下了。"

"哎哟，吓人，真可怕！"富士子惊叫起来，拉住祐三的手站起身。

"真讨厌，你吓唬人……"

"不用怕。地震那阵子，这种临时搭建的木板房里，常有人来幽会。不过，眼下倒是有点儿阴森森的。”

“就是嘛。”

但是，祐三没有放开富士子。

温暖柔软的肉体透着一种难以言喻的亲密，让人感到舒适惬意，像是纯朴的安息，也像是陶醉在神妙的惊诧中。

与其说这是久违女性而产生的一种急切的激情，毋宁说是在病后接触女人身子时重新体味的柔情。

祐三的手抚摸到富士子的肩胛，那是嶙峋的瘦骨。倚靠在他胸前的是深重的疲劳。尽管如此，祐三仍然感受到了自己是在与异性重逢。

一种生意盎然的情感复活了。

祐三从一片瓦砾之上朝简易木板房走去。

门窗和地板好像尚未装好，走进木板房时，脚下发出踩烂薄木板的声响。

（一九四六年）

水月

有一天，京子突然想到要用手镜为在二楼病床上的丈夫照一下自己的菜园。对于久卧病榻的丈夫而言，即便是这样一点小事，也等于为他开辟了一种新生活，因而这绝非是“一点小事”。

这一面手镜，是随着京子陪嫁的镜台一起带来的。镜台并不大，却是桑木制成的，而手镜的把儿，也是桑木做的。记得新婚时，为了看到脑后的发髻，她用手镜和镜台对着看，不料袖口滑落下去，露出了胳膊肘，令她感到很害臊，当时用的就是那面手镜。

刚刚洗完澡的时候，丈夫曾一把抢过手镜说：“你真不灵活。唉，还是我帮你拿着吧！”然后，将京子的后颈项从各个角度映照到镜台上，他自己也似乎是一副乐此不疲的样子，看来从镜台里的确会发现过去不曾发现的东西。其实，京子并不笨拙，只是丈夫老在身后盯着自己，使得她的动作显得不自然了。

打那以后，时光并没有经过多久，抽屉里手镜的桑木把儿也没有变色。但接着又是战争，又是疏散，又是丈夫病重，等到京子首次想到要用手镜照菜园子给丈夫看的时候，手镜的表面已经蒙上了一层荫翳，手镜的边框也被脂粉末和灰尘搞脏了。当然，照东西并不妨碍。与其说京子并不介意，莫如说她实在是顾不上这些。从那次以后，丈夫再也没有让手镜离开过枕边。由于病人的无所事事和神经质，镜面和边框都被他擦拭得干干净净。镜面上的荫翳早就一点都没有了，但京子总是看见丈夫依旧在不停地对镜面呵气，擦了又擦。京子想过，那肉眼无法看清的嵌着镜面的边框缝隙里，一定有不少肺结核病菌吧。有时候，京子给丈夫的头发上抹点山茶油，之后就看到丈夫用手掌抚摸头发，再去擦拭手镜的桑木把儿。镜台的桑木底座已经变得黯淡无光，而手镜的桑木把儿却熠熠亮光。

京子是带着这只镜台再婚的。

然而，那面手镜却放在前夫的棺材中火化了。后来镜台上新添了一面镰仓雕刻的漆器手镜，她没有对再婚的丈夫说起过这件事。

前夫一断气，按照传统习俗，就要把他的两只手合在一起，将其手指相互扣紧，因此入殓以后，便无法再让他拿着手镜，只能放置在他的胸前。

“你在生前总说胸部疼痛，哪怕搁上一面手镜，你也会觉得沉重吧。”京子暗暗地嘀咕着，又把手镜挪到他的腹部去了。京子觉得，这手镜是他俩的婚姻生活中最重要的证物，所以一开始就把它放在了前夫的胸口上。她把手镜放进棺材的时候，理所当然地不想让前夫的兄弟们察觉，于是在手镜上放了一堆白菊花。因此，谁也没有注意到手镜。在捡取骨灰的时候，火炉中的高温使镜面玻璃熔化变形，变得凹凸不平，中间变厚鼓起，颜色也是黑一块黄一块的。

有人说道："这是什么呀？是玻璃吧。"

其实，在京子的手镜上还重合着一面小镜子，那是便携式化妆盒里的小镜子，正反两面都是镜子。京子曾梦想着在新婚旅行时用它，可是在战时无法外出，所以在前夫生前，一次也没在旅途中用过。

京子与再婚的丈夫一起去新婚旅行时，以前那只便携式化妆盒的皮外套已发霉陈旧，就又新买了一个，里面当然也有镜子。

新婚旅行的第一天，丈夫抚摸着京子的手说："你就像个姑娘一样，真是可怜……"他并不是在嘲讽，相反，倒是饱含着意料之外的愉悦。对于第二任丈夫而言，京子越接近于处女越好。但是，京子听到这句简短的话语，一种强烈的悲哀之情突然涌上心头。这一难以言喻的悲情使得她热泪盈眶，身子蜷缩成一团。或许她的丈夫会认为，这也是一种处女的表现吧。

京子不知道是在为自己哭泣呢，还是在为前夫哭泣。事实上，的确难以分清。她意识到这一点的时候，就觉得太对不起再婚的丈夫，自己应该更温柔地待他。

“不对吧，怎么会有这么大的差异呢？”随后，京子又这样说道。话一出口，又感到这样说也不妥，不由得羞得满面通红。可丈夫倒是挺满意的，说道：“再说你也没有生过孩子吧。”

这句话又触到了京子的痛处。

接受与前夫截然不同的另一男人的热量，使京子感受到一种被玩弄似的屈辱。

她以反抗似的口吻只说了一句：“不过，看护病人也像看管孩子差不多。”

长期患病的丈夫即使去世，京子仍然觉得他是自己怀中的孩子。

然而，反正早晚都是死，那么当时严格的禁欲又有什么用呢？

“我只是从上越线的火车车窗里看到过森镇……”新婚丈夫提起京子故乡的名字，把京子又搂得紧了些。

“真是名副其实，那镇子在森林的环绕之中。你在故乡住到几岁啊？”

“一直住到女子中学毕业，当时被征用到三条的军需工厂去劳动……”

“是啊，你老家离三条很近。人们都说越后三条出美人，难怪京子身上的皮肤那么细腻。”

“并不细腻啊。”京子的手放在衣领处说。

“你的手和脚的肌肤都很细腻，所以我想你身上一定也很细腻。”

“哪是啊。”京子还是觉得手放在领口并不合适，于是把手悄悄地挪开了。

“京子即使有孩子，我还是会同你结婚的。可以把孩子领过来好好疼爱。要是个女孩，那就更好啦。”丈夫在京子的耳畔小声说。或许因为他自己有一个男孩子，才这么说的吧。但是作为爱的表白，京子听来多少有点异样之感。在这次与自己长达十天的新婚旅行中，丈夫或许是考虑到家中还有孩子，才对她如此体贴的吧。

丈夫有一只旅行用的上等皮革制作的洗漱用品盒，与京子的相比，要高级很多，显得大而结实，可已经不是新品。不知是他出差频繁还是保养得好的缘故，皮盒发出陈旧的光泽。这使京子想起自己那只最终没有使用、霉得厉害的旧化妆盒。不过，里面的小镜子好歹让前夫用过了，还让他带去了另一个世界。

那块放在手镜上的小小的镜片被烧得熔化了，与手镜上的玻璃黏合在一起。除了京子以外，没有人会知道那是两块镜子，只要京子不说，就很难有亲属会猜出来。

然而，京子还是认为，这两面镜子所映照出的诸多世界被无情地烧毁了，随同前夫化成灰烬的身体消失了。一开始，京子是用镜台上的那面手镜为丈夫照菜园子看的，丈夫就将它放在枕边不肯放手。但这面手镜对病人而言也显得太沉重了，京子不得不为丈夫按摩手臂和肩胛，后来就给他换了一面又小又轻的镜子。

只要丈夫还活着，这两面镜子所映照的就不仅仅是京子的菜园，它们映照过天空、云彩和积雪，远处的山岭、近处的树林，也映射过月亮。丈夫还在镜子里凝望过野花和候鸟。有人从镜中的道路上走过，也有孩子们在镜中的庭院里嬉戏。

在这小小的镜子里能看到如此广阔、丰富的世界，使京子也感到惊异。镜子其实是供人照照眉目的化妆用具，更何况手镜只是用于映照后脑勺和颈项的东西而已，又有谁能想到，它们对于病人而言却成了新的自然与人生！京子曾坐在丈夫的枕旁，与他一起观望并谈论着手镜中映照的世界。时间一长，京子也分不清肉眼所见的世界与手镜映照的世界的区别。似乎原本就有两个不同的世界，而镜中所创造的是一个新的世界，甚至她觉得镜中的世界才是真实的。

“在镜子中，天空发出了银色的亮光。”京子说着，又抬头看了看窗外，“可天空明明是灰暗阴沉的。”

在手镜中却一点儿也看不到浑浊沉郁的天色，而是真正的一派光亮。

“这全是你把镜面擦得太亮的缘故。”

卧床不起的丈夫只需要转转脖子就能看到天空的颜色。

“是啊，的确是隐隐的灰色。不过，人的眼睛与狗狗和麻雀的眼睛所看的天色未必都是相同的。很难说哪一种眼睛看的天色是真实的。”

“手镜中莫非有‘镜子的眼睛’？”京子很想说，那就是我们爱情的眼睛啊。

镜中出现的树林更加苍翠，百合花也比实际上看到的更加洁白靓丽。

“这是京子大拇指的指纹吧，右手的……”丈夫指着镜子边缘给京子看。京子不由得一怔，对着手镜哈气，擦净了指印。

“这有什么关系，京子第一次给我看菜园子的时候，指印也留在了镜子上。”

“我完全没有注意到。”

“我也觉得京子一定没有注意到。多亏了这面手镜，我把你的拇指和食指的指纹都记住了。能够记住自己妻子的指纹，除了久卧病榻的患者以外，没有谁能办到吧。”

丈夫与京子结婚以后，除了患病之外，什么事都没干。在战时连战争也未参加。在战争临近结束的时候，丈夫也被征召到飞机场上去做了几天劳工活儿，但很快就累倒了，于战败的同时回到家中。当时丈夫已无法行走，是京子与丈夫的哥哥一起去接他的。自打丈夫名义上应征入伍后，京子便到娘家的疏散地去躲避了，丈夫与京子的行李在此之前也基本运去了娘家。他们新婚的房子被烧毁了，便在京子的朋友家借了一间房，丈夫从那儿去上班。在新婚的房子里住了一个多月，在朋友家住了两个月，这便是婚后她与不是病人的丈夫共同生活的全部时光了。

丈夫在高原上租了一所小房子，用于疗养。这所房子原本住着疏散到这里的一家人，战争结束后，他们就搬回东京了。京子接手了疏散者种植的菜地，其实那只是在长满杂草的庭院里开垦出来的一小块五六米见方的土地而已。

住在乡下，两个人要吃的蔬菜也不是买不到，但现成的菜地实在难以割舍，京子就到庭院下地劳动了。京子对亲手栽培的蔬菜很感兴趣，这并不是为了逃离病人，只是每天在病人身边缝补、编织，不免使人意志消沉。同样是牵挂丈夫，但干农活儿时全不一样，心中总怀有光明的希望。京子是无意识地沉浸在对丈夫的爱情中走向菜园的，当然她每天也在丈夫的枕边读书给他听，读了很多。京子由于看护丈夫，相当疲惫，她觉得自己可以在菜园里找回已经在各方面失去了的自我。

搬到高原来时是九月中旬。在避暑的人们撤离之后，初秋时节的淫雨淅淅沥沥地下个不停，气温也开始变得微寒。有一天黄昏之前，天气忽然放晴，小鸟嘹亮的啼鸣声传来。京子来到菜园，灿烂的阳光照射在青菜上，青菜绿油油地发亮，遥远的天际浮现出粉红色的云彩，使京子看得入迷。这时，她听到丈夫的叫声，来不及洗净手上的泥土，便急忙跑上二楼，只见丈夫正在痛苦地喘息。

“我这么喊你也听不见吗?”

“对不起，我没有听见。”

“菜就别种了！我要是这样叫上五天，会叫死人的。首先，京子你在那儿干些什么呀？我一点儿也不知道。”

“我就在菜园子里。不过，菜就不种了。”

丈夫平静下来，问：“你听到煤山雀叫了吗?”

丈夫呼唤京子，其实就是为了这句话。就在他问的时候，煤山雀还在近处的树林里鸣啭呢。那片树林在晚霞的映衬下轮廓鲜明。京子记住了煤山雀的鸣叫声。

“你的手边要是有一只铃铛的话就方便啦。在买到铃铛之前，把可以往下扔的东西放在枕边试试?”

“从二楼往下扔饭碗吗？那可真有意思呀。”

丈夫最终还是同意京子把菜地种下去了。当京子想到用手镜把菜园子照给丈夫看的时候，高原地带漫长的严冬已经过去，春天到来了。

一面小小的手镜，也能够让病人感到新绿世界复苏的喜悦。有时京子为蔬菜捉虫，手镜无法照出虫子，京子只好上楼拿给丈夫看。有时京子在翻土的时候，丈夫会说："从手镜里可以看到蚯蚓呢！"

夕阳西斜的时候，在菜园里的京子忽然觉得身上明亮起来，便朝二楼望去，原来是丈夫用手镜在反射阳光。丈夫让京子把他学生时代穿过的藏青底碎白花纹的衣服改制成裙裤，他在手镜中看到身穿裙裤在菜园里劳动的京子时，感到十分愉悦。

京子知道丈夫在手镜里看着自己。在菜园里干活儿时一半有着那种意识，一半却在忘我地劳作。她沉湎在温暖的幸福之中，心想新婚之时在手镜中露出一只胳膊时，自己曾经那么地羞涩，相比之下，现在该有多大的变化呀。

但是，说是用两面镜子对照着化妆，可那毕竟是刚刚战败不久，哪有可能仔细地去涂脂抹粉呢？那以后又是看护病人，又是给丈夫服丧，就更谈不上了。所以真正比较满意的化妆，还是在再婚以后，连京子自己也觉得，化妆后自己漂亮多了。这一次与丈夫新婚旅行的第一天被夸身上皮肤细腻，看来也不是假话。

洗完澡，京子看到镜中映出自己的肌肤时也不再害臊了。她看到了自己的美丽。但是，对于镜中的美，京子从前夫那儿根植了一种与众不同的情感，这种情感至今仍未消失。这并不是说她不相信镜中的美，而是她并不怀疑镜中有着另外一个世界。尽管在镜中的天空会变成发亮的银色，可是她的肌肤，用肉眼看与在镜中看却没有多大的区别。或许，那并不是距离不同的缘故，可能还与卧床不起的前夫的渴望和憧憬有关吧。如此看来，那映照在二楼前夫手镜中的菜园子中的京子究竟有多美，现在连京子自己也无从了解，哪怕是在前夫生前，京子自己也是无法知晓的。

在去世的前夫手持的镜子里，自己在菜园子里劳作的身姿，还有在那面手镜中映照到的鸭跖草花的蓝色、百合花的白色、在村子的田野里嬉戏的成群的孩童、在远处的雪山顶上生气勃勃的朝阳，也就是说，对于与前夫共享的另一个世界，京子感到的与其说是追怀，毋宁说是憧憬。京子为了现在的丈夫，尽量压抑那生动活泼的渴望，努力把它当作对于神的世界一种极目的远望。

五月的一个早晨，京子从收音机里听到了野鸟的各种鸣叫声，那是前夫去世之前生活过的高原附近山间的录音广播。京子送如今的丈夫去上班之后，拿出镜台上的手镜来映照蔚蓝的晴空，也会在手镜中端详自己的脸庞。她发现了一件奇怪的事情：只有自己的面容不通过镜子就无法看见。京子相信，自己在手镜中映出的面容其实就是用肉眼看到的那样，每日用心打点。她还会一时间陷入沉思，神把人类弄成看不到自己的容貌，其中究竟有何深刻的含义呢？

“要是人能够看到自己的脸庞，会不会神经错乱呢？是不是会什么事情也干不成呢？”

然而，京子又想到，或许还是由于人类的进化，导致自己无法看到自己的容颜吧。倘若是蜻蜓或螳螂，也许就能看到自我的长相了。

自己最要紧的脸庞，居然成了专让别人看的东西，这一点倒是与爱情十分相似呀。

京子把手镜收回镜台的时候，才发现这面“镰仓雕漆”的手镜与桑木的镜台颇不协调。原先的手镜成了前夫的殉葬品，所以镜台只能成为“不配对”的东西了。但是，那一面桑木的手镜与小镜子，自打交到卧床不起的前夫手上，也的确是既有一利也有一弊的。前夫始终用镜子照着自己的脸，对于镜中因病情而恶化的面容感到胆怯，这与每天看着死神的鬼脸有何不同呢？要是用手镜进行心理性自杀得以成立的话，京子是否就是犯下心理杀人之罪的罪人呢？京子每每想到这“一弊”的时候，就想从前夫手中收回镜子，自然丈夫是不可能放手的。

“难道你想让我什么也看不见吗？我想在还活着的时候，爱我能够看到的东西啊。”丈夫如是说。也许他是为了镜中世界的存续，牺牲了自己的生命。一场大雨过后，前夫曾经用镜子映照过庭院积水中的月亮，加以欣赏。镜中的月亮只能说是月影中的月影。当时的情景，即使到了今天，依然清晰地浮现在京子的眼前。

“健全的爱，只能寄宿于健全的人身上。”再婚后的丈夫这样说过，京子只好腼腆地点头同意，可在心里却不以为然。丈夫刚去世时，京子想过，自己与卧病中的前夫维系着严格的禁欲生活究竟有何用呢？但过了一段日子，当时的这种禁欲却变成了烦闷情思的回忆。每当回想起那时的情形，她就会感受到满满的爱情。京子为此毫无悔意。关于这一点，后夫是否把女人的爱看得过于简单了呢？

京子问过再婚的丈夫：“你是一位很温柔的男士，可是为什么会与妻子离婚呢？”丈夫没有回答。京子是由于前夫的哥哥不断地催促她再婚，才同后夫结婚的。婚前他们俩交往了四个多月，年龄相差十五岁。

京子知道自己怀孕后，害怕得相貌都有些变了。

“我害怕，我怕呀！”她紧紧地偎依着丈夫说道。她的孕吐很严重，精神也有点儿失常。有时候，她会赤脚跑到庭院里，拔下松针来；丈夫前妻的孩子去上学时，她会给他两个饭盒，里面装的都是米饭；有时她又会觉得自己忽然透视到镜台镜子里映照的“镰仓雕漆”手镜，看得两眼发直；有时夜晚醒来后坐在棉被上，俯视着丈夫的睡脸。人的生命是多么脆弱啊。她一边解开睡衣的衣带，一边感到一阵恐惧袭来，好像自己在勒紧丈夫脖子似的。她冷不防地失声痛哭。丈夫醒了，温柔地帮她把衣带系好。虽然是炎热的夏夜，京子却冷得瑟瑟发抖。

丈夫摇晃着她的肩头说：“京子，你要相信肚子里的孩子！”

医生劝她住院，京子不愿意，但后来还是被说服了。

“我去住院，但这之前，请让我回娘家两三天。”

丈夫把京子送回了娘家。第二天，京子就从娘家跑出来，去了与前夫生活过的高原。这次是九月上旬，比和前夫搬来此处要早上十天。在火车上，京子想要呕吐，感到头晕，甚至不安地觉得自己想要从火车上往下跳。但是，出了高原的火车站，呼吸到了清凉的空气，她顿时感到畅快惬意，好像身上附着的邪魔已被赶走，一下子清醒过来。京子感到不可思议，伫立在那儿，环视着回绕高原的群山。那微带蓝色的苍翠的群山轮廓，在晴空之下显得鲜艳而清晰，京子感受到了充满活力的世界。她一面揉着热泪盈眶的眼睛，一面朝曾经住过的房屋走去。曾经映着粉红色夕阳余晖的树林里，今天又传来了煤山雀的啼鸣。

以前住过的房子里现在有人住着，二楼的窗户处可以看到白色的窗帘。京子在不太近的地方站住，远远地看着，轻声地自言自语：“要是生下来的孩子像你，那该怎么办呀？”这话语连她自己都感到惊诧。而后，她又怀着温暖、安详的心情折返回去了。

（一九五三年）

译后记

本册为川端康成的短篇小说选集，共收入一九二六年至一九五三年创作的十五篇作品。

纵观川端康成的所有创作，他一生共创作了二三十部中长篇小说，百余篇的短篇，一百四十来篇的微型小说（小小说），还有近千篇的随笔评论。因此，他并不是一位擅长长篇的巨匠型作家，其资质说明他倒是一位撰写短篇的高手。

垂名于日本近代文学史的众多优秀作家中，川端康成既是一位卓有成就的作家，又是一名具有多重性格的立体现代人：在他的身上，有性格乖戾的孤儿气质，寄人篱下的受惠气质，也有渴望爱情、崇尚处女、轮回转世、空虚无常的思想；在艺术上，他既注意吸收新感觉派开拓表现的新手法，又深受日本古典文学的熏陶；既受西方现代主义的影响，又继承了东方文化的传统；他还曾对无产阶级文学和马克思主义表示理解，有无产阶级作家的知己；他的文笔流畅优美，抒情的遣词造句清澈甜美，有“物哀”“幽玄”“余韵”“空灵”的浓郁的日本味，同时也有死亡、悲观、孤寂、消极情调的流露。这一位作家曾经引起中日两国文学研究者的极大关注，四十多年来，研究其人其作品的成果不断，可以说他是一位名副其实的当代文豪。

记得笔者大学毕业后不久，曾在一九七九年吉林长春市东北师范大学召开的首届中国日本文学研讨会上宣读过一篇题为“谈谈川端康成与他的小说”的论文。文章实属稚拙，观点也未必成熟，却有幸成为我国最早论及川端康成小说的文章。以此为契机，在此后的四十余年间，笔者在担任上海外国语大学日语专业日本近代文学史和文学选读教学任务的同时，热衷于阅读、翻译、研究川端康成的作品。到二十世纪八九十年代，随着他的作品大量被翻译，研究论文也越来越多。他的三部诺贝尔文学奖的入选作品在我国已出现了多种中译本。每隔两三年举办一次的全国日本文学国际研讨会至二〇二一年已经举办了十七届，每一届会上都有质量上乘的研究论文发表，对其创作方法、内容与艺术特色的研究还引起过热烈的争论。中日两国的文学研究者在北京一起举办过三次“中日川端文学研讨会”，刘德有、邓友梅、林林、李芒、文洁若、高慧勤、长谷川泉、羽鸟彻哉、林武志、原善等有造诣的中日学者畅所欲言，他们对于川端文学乃至日本文化所做的极为精彩、中肯的论述，至今音犹在耳，使人难以忘怀。

川端虽然不像一些世界级大家具有结构宏大的巨制，他的创作中，尤其是短篇小说中，就几乎看不到波澜壮阔、跌宕起伏、宏大豪迈的场面，然而，川端的艺术恰恰就是一种技巧，一种匠心。

文学名篇《伊豆舞女》被公认为日本青春文学的杰作。小说描写的是一九一八年作者在东京一高（东大预备校）上二年级的秋天，因为厌倦学校的寄宿生活，为了摆脱缠绕不去的精神苦闷，独自一人去伊豆半岛旅行的故事。途中，第一人称的主人公遇到了一伙江湖艺人，彼此结伴同行，从天城岭、汤岛、汤野一路走到下田。艺人们心地善良，感情纯朴，尤其是那位天真热忱的舞女，使主人公体味到人情的温暖，在内心萌发出一缕柔情。舞女一句说他“是个好人”的赞语，就令他有种“说不出的感激”，最后离别，在船上任凭眼泪簌簌往下淌，脑海仿佛成为一泓清水，涓涓而流，最后空无一物，唯有甘美的愉悦。这篇小说充满青春的诗意，抒情之中透露出川端式淡淡的哀愁，使得长久苦恼着他的“孤儿根性”烟消云散。

本小说集中收入的《水晶幻想》《禽兽》等作品是川端与横光利一一起创立《文艺时代》新感觉派时代的作品，他们借鉴西方现代派文艺的手法，旨在打破“文艺沉滞的局面”。川端所强调的中心就是新的感觉。他认为，如果没有新的感觉，便不可能有新的表现，从而也就没有新的内容和新的文艺。即使对于自认是景物描写的内容，也会带上主观的色彩，成为感觉的表现。受到弗洛伊德的精神分析学的影响，川端还认为，医生的释梦其实就是在“自由联想”，这种自由联想，就是达达主义的思维方式。一九三一年发表的《水晶幻想》描写一对从事生殖研究的夫妇的日常生活，被文坛认为开拓出心理小说的新境地；一九三三年的《禽兽》则是一个四十岁的男子以小鸟和狗儿为对象孤独生活的经历。这两篇作品都被吉本隆明说成是出于现代主义作家之手的代表作。二十世纪三十年代后，日本文坛又盛行新心理主义，川端在表现主观感觉、瞬间印象的作品中，糅进了内心独白、意识流的手法，以上这两篇作品就是他这一类艺术探索的试作。在这些作品的创作中，川端后来的资质已经表现出来。他纤细的感觉，就是把小说中美的感觉看得比情节更为重要的思考态度。

本作品集中收录的《母亲的初恋》《重逢》《水月》等作品都是脍炙人口的佳作，写得珠圆玉润，极有韵味。作品通过一个场景、几件物品，直接营造出一种精彩的人生。作为一个唯美的作家，川端一向追求完美，他穷工极巧地追求浸透力，不断地砥砺自己敏锐的艺术感觉，养成精当的审美眼光，练就含蓄凝练的文笔。所以，他的短篇小说显得纵横变化，多姿多彩。长者二三万言，短者四五千字。或书写孤儿身世的悲哀，或沉吟爱情的失意；或刻画女性委婉的心理，或描绘老人迟暮的心态。既有日本式的情趣，又不乏现代的新意。艺术上既有平淡的写实，又有超现实的怪诞；既有梦幻的幽思，亦有诡谲的美感。所有这一切，都反映出川端康成独特的审美意象。

译文若有不妥之处，由衷地欢迎批评指正，以匡不逮。

谭晶华

二〇二一年十二月一日

图书在版编目（CIP）数据

伊豆舞女/（日）川端康成著；谭晶华译. --长沙：湖南文艺出版社，2023.1
ISBN 978-7-5726-0927-5

Ⅰ.①伊… Ⅱ.①川… ②谭… Ⅲ.①短篇小说-小说集-日本-现代 Ⅳ.①I313.45

中国版本图书馆CIP数据核字（2022）第203453号

伊 豆 舞 女
YIDOU WUNÜ
［日］川端康成 著 谭晶华 译

出 版 人 陈新文
出 品 人 陈 垦
出 品 方 中南出版传媒集团股份有限公司
上海浦睿文化传播有限公司
上海市巨鹿路417号705室（200020）
责任编辑 吕苗莉
装帧设计 凌 瑛
责任印制 王 磊
出版发行 湖南文艺出版社
长沙市雨花区东二环一段508号（410014）
网 址 www.hnwy.net
经 销 湖南省新华书店
印 刷 深圳市福圣印刷有限公司

开本：787 mm × 1092 mm 1/32 印张：11.25 字数：193千字
版次：2023年1月第1版 印次：2023年1月第1次印刷
书号：ISBN 978-7-5726-0927-5 定价：62.00元